线装国学经典

资治通鉴

第二册

〔北宋〕司马光 著
李楠 编译

齐纪

太祖高皇帝

建元元年 春，正月，甲辰，以江州刺史萧嶷为都督荆、湘等八州诸军事、荆州刺史，尚书左仆射王延之为江州刺史，安南长史萧子良为督会稽等五郡诸军事、会稽太守。

初，沈攸之欲聚众，开民相告，士民坐执役者甚众，嶷至镇，一日罢遣三千余人。府州仪物，务存俭约，轻刑薄敛，所部大悦。

辛亥，以竟陵世子赜为尚书仆射，①进号中军大将军、开府仪同三司。

太傅道成以谢朏有重名，必欲引参佐命，以为左长史。尝置酒与论魏、晋故事，因曰：『石苞不早劝晋文，死文恸哭，方之冯异，非知机也。』朏曰：『晋文世事魏宝，必将身终北面；借使魏依康、虞故事，亦当三让弥高。』道成不悦。甲寅，以朏为侍中，更以王俭为左长史。

丙辰，以给事黄门侍郎萧长懋为雍州刺史。

二月，丙子，邵陵殇王友卒。

辛巳，魏太皇太后及魏主如代郡温泉。

甲午，诏申前命，命太傅赞拜不名。

己亥，魏太皇太后及魏主如西宫。

三月，癸卯朔，日有食之。

甲辰，以太傅为相国，总百揆，封十郡，为齐公，加九锡；其骠骑大将军、扬州牧、南徐州刺史如故。乙巳，诏齐国官爵礼仪，并仿天朝。丙午，以世子赜领南豫州刺史。

杨运长去宣城郡还家，齐公遣人杀之。凌源令潘智与运长厚善；临川王绰，义庆之孙也。绰遣腹心陈讚说智曰：『君先帝旧人，身是宗室近属，如此形势，岂得久全！若招合内外，计多有从者。台城内人常有此心，正苦无人建意耳！』智即以告齐公。庚戌，诛绰兄弟及共党与。

甲寅，齐公受策命，赦其境内，以石头为世子宫，②一如东宫。褚渊引何曾自魏司徒为晋丞相故事，求为齐官，齐公不许。以王俭为齐尚书右仆射，领吏部；俭时年二十八。

甲戌，武陵王赞卒，非疾也。

丙戌，加齐王殊礼，进世子为太子。

辛卯，宋顺帝下诏禅位于齐。壬辰，帝当临轩，不肯出，逃于佛盖之下，王敬则勒兵殿庭，以板舆入迎帝。太后惧，自帅阉人索得之，敬则启譬令出，引令升车。帝收泪谓敬则曰：『欲见杀乎？』敬则曰：『出居别宫耳。官先取司马家亦如此。』帝泣而弹指曰：『愿后身世世勿复生天王家！』宫中皆哭。帝拍敬则手曰：『必无过虑，当饷辅国十万钱。』是日，百僚陪位。侍中谢朏在直，当解玺绶，阳为不知，曰：『有何公事？』传诏云：『解玺绶授齐王。』朏曰：『齐自应有侍中。』乃引枕卧。传诏惧，使朏称疾，欲取兼人，朏曰：『我无疾，何所道！』遂朝服步出东掖门，仍登车还宅。乃以王俭为侍中，解玺绶。礼毕，帝乘画轮车，出东掖门就东邸，问：『今日何不奏鼓吹？』左右莫有应者。右光禄大夫王琨，华之从父弟也，在晋世已为郎中，至是，攀车獭尾恸哭曰：『人以寿为欢，老臣以寿为戚。既不能先驱蝼蚁，乃复频见此事！』呜咽不自胜，百官雨泣。

司空兼太保褚渊等奉玺绶，帅百官诣齐宫劝进；王辞让未受。渊从弟前安成太守炤谓渊子贲曰：『司空今日何在？』贲曰：『奉玺绶在齐大司马门。』炤曰：『不知汝家司空将一家物与一家，亦复何谓！』甲午，王即皇帝位于南郊。还宫，大赦，改元。奉宋顺帝为汝阴王，优崇之礼，皆仿宋初。筑宫丹杨，置兵守卫之。宋神主迁汝阴庙，诸王皆降为公；自非宣力齐室，余皆除国，独置南康、华容、萍乡三国，以奉刘穆之、王弘、何无忌之后，除国者凡百二十人。二台官僚，依任摄职，名号不同、员限盈长者，别更详议。

以褚渊为司徒。宾客贺者满座，褚炤叹曰：『彦回少立名行，何意披猖至此！门户不幸，乃复有今日之拜。使彦回作中书郎而死，不当为一名士邪！名德不昌，用复有期颐之寿！』渊固辞不拜。

奉朝请河东裴顗上表，数帝过恶，挂冠径去；帝怒，杀之。太子赜请杀谢朏，帝曰：『杀之遂成其名，正应容之度外耳。』久之，因事废于家。

帝问为政于前抚军行参军沛国刘瓛，对曰：『政在《孝经》。凡宋氏所以亡，陛下所以得者，皆是也。陛下若戒前车之失，加之以宽厚，虽危可安；若循其覆辙，虽安必危矣！』帝叹曰：『儒者之言，可宝万世！』

【注释】①竟陵世子：齐高帝萧道成曾进爵为竟陵郡公，因称其子萧赜为竟陵世子。②石头：即石头城，在今江苏省江宁县西石头山后。

丙申，魏主如崞山。

丁酉，以太子詹事张绪为中书令，齐国左卫将军陈显达为中护军，右卫将军李安民为中领军。绪，岱之兄子也。

戊戌，以荆州刺史嶷为尚书令、骠骑大将军、开府仪同三司、扬州刺史。

帝命群臣各言得失。淮南、宣城二郡太守刘善明，请除宋氏大明、泰始以来诸苛政细制，以崇简易。又以为：『交州险远，宋末政苛，遂至怨叛。今大化创始，宜怀以恩德。且彼土所出，惟有珠宝，实非圣朝所须之急。讨伐之事，谓宜且停。』给事黄门郎清河崔祖思亦上言，以为：『人不学则不知道，此悖逆祸乱所由生也。今无员之官，空受禄秩，凋耗民财。宜开文武二学，课台、府、州、国限外之人各从所乐，依方习业，若有废惰者，遣还故郡；经艺优殊者，待以不次。又，今陛下虽履节俭，而群下犹安习侈靡。宜褒进朝士之约素清修者，贬退其骄奢荒淫者，则风俗可移矣。』宋元嘉之世，凡事皆责成郡县。世祖征求急速，以郡县迟缓，始遣台使督之。自是使者所在旁午，竞作威福，营私纳赂，公私劳扰。会稽太守闻喜公子良上表极陈其弊，以为：『台有求须，但明下诏敕，为之期会，则人思自竭；若有稽迟，自依纠坐之科。今虽台使盈凑，会取正属所办，徒相疑愤，反更淹懈，宜悉停台使。』员外散骑郎刘思效上言：『宋自大明以来，渐见凋弊，征赋有加而天府尤贫。小民嗷嗷，殆无生意；而贵族富室，以侈丽相高，乃至山泽之民，不敢采食其水草。陛下宜一新王度，革正其失。』上皆加褒赏，或以表付外，使有司详择所宜，奏行之。己亥，诏：『二宫诸王，悉不得营立屯邸，封略山湖。』

魏主还平城。

魏秦州刺史尉洛侯、雍州刺史宜都王目辰、长安镇将陈提等皆坐贪残不法，洛侯、目辰伏诛，提徙边。

又诏以『候官千数，重罪受赇不列，轻罪吹毛发举，宜悉罢之。』更置谨直者数百人，使防逻街衢，执喧斗而已。自是吏民始得安业。

自泰始以来，内外多虞，将帅各募部曲，屯聚建康。李安民上表，以为：『自非淮北常备外，余军悉皆输遣；若亲近宜立随身者，听限人数。』上从之；五月，辛亥，诏断众募。

壬子，上赏佐命之功，褚渊、王俭等进增爵、户各有差。处士何点谓人曰：『我作《齐书》已竟，赞云：「渊既世族，俭亦国华；不赖舅氏，遑恤国家！」』点，尚之之孙也。渊母宋始安公主，继母吴郡公主；又尚巴西公主。俭母武康公主；又尚阳羡公主。故点云然。

己未，或走马过汝阴王之门，卫士恐有为乱者奔入杀王，而以疾闻，上不罪而赏之。辛酉，杀宋宗室阴安公燮等，无少长皆死。前豫州刺史刘澄之，遵考之子也，与褚渊善，渊为之固请曰：『澄之兄弟不武，且于刘宗又疏。』故遵考之族独得免。

丙寅，追尊皇考曰宣皇帝，皇妣陈氏曰孝皇后。

丁卯，封皇子钧为衡阳王。

上谓兖州刺史垣崇祖曰：『吾新得天下，索虏必以纳刘昶为辞，[1]侵犯边鄙。寿阳当虏之冲，非卿无以制此虏也。』乃徙崇祖为豫州刺史。

六月，丙子，诛游击将军姚道和，以其贰于沈攸之也。

甲子，立太子赜为皇太子；皇子嶷为豫章王，映为临川王，晃为安成王，锵为鄱阳王，铄为桂阳王，鉴为广陵王；皇孙长懋为南郡王。

乙酉，葬宋顺帝于遂宁陵。

帝以建康居民舛杂，多奸盗，欲立符伍以相检括，右仆射王俭谏曰：『京师之地，四方辐凑，必也持符，于事既烦，理成不旷；谢安所谓「不尔何以为京师」也。』乃止。

初，交州刺史李长仁卒，从弟叔献代领州事，以号令未行，遣使求刺史于宋。宋以南海太守沈焕为交州刺史，以叔献为焕宁远司马、武平、新昌二郡太守。叔献既得朝命，人情服从，遂发兵守险，不纳焕。焕停郁林，病卒。

秋，七月，丁未，诏曰：『交趾、比景独隔书朔，[2]斯乃前运方季，因迷遂往。宜曲赦交州，即以叔献为刺史，抚安南土。』

魏葭芦镇主杨广香请降，丙辰，以广香为沙州刺史。③

八月，乙亥，魏主如方山；④丁丑，还宫。

上闻魏将入寇，九月，乙巳，复以豫章王嶷为荆、湘二州刺史，都督如故；以临川王映为扬州刺史。

丙午，以司空褚渊领尚书令。

壬子，魏以侍中、司徒、东阳王丕为太尉，侍中、尚书右仆射陈建为司徒，侍中、尚书代人苟颓为司空。

己未，魏安乐厉王长乐谋反，赐死。

庚申，魏陇西宣王源贺卒。

冬，十月，己巳朔，魏大赦。

癸未，汝阴太妃王氏卒，谥曰宋恭皇后。

初，晋寿民李乌奴与白水氐杨成等寇梁州，梁州刺史范柏年说降乌奴，击杨成等，破之。及沈攸之事起，柏年遣兵出魏兴，声云入援，实候望形势。事平，朝廷遣王玄邈代之。诏柏年与乌奴俱下，乌奴劝柏年不受代；柏年计未决，玄邈已至。柏年乃留乌奴于汉中，还至魏兴，盘桓不进。左卫率豫章胡谐之尝就柏年求马，柏年曰：『马非狗也，安能应无已之求！』待使者甚薄；使者还，语谐之曰：『柏年云：「胡谐之何物狗！所求无厌！」』谐之恨之，谮于上曰：『柏年恃险聚众，欲专据一州。』上使雍州刺史南郡王长懋诱柏年，启为府长史。柏年至襄阳，上欲不问，谐之曰：『见虎格得，而纵上山乎？』甲午，赐柏年死。李乌奴叛入氐，依杨文弘，引氐兵千余人寇梁州，陷白马戍。王玄邈使人诈降诱乌奴，乌奴轻兵袭州城，玄邈伏兵邀击，大破之，乌奴挺身复走入氐。

初，玄邈为青州刺史，上在淮阴，为宋太宗所疑，欲北附魏，遣书结玄邈，玄邈长史清河房叔安曰：『将军居方州之重，无故举忠孝而弃之，三齐之士，宁蹈东海而死耳，不敢随将军也！』玄邈乃不答上书。及罢州还，至淮阴，严军直过，至建康，启太宗，称上有异志。及上为骠骑，引为司马，玄邈甚惧，而上待之如初。及破乌奴，上曰：『玄邈果不负吾意遇也。』叔安为宁蜀太守，上赏其忠正，欲用为梁州，会病卒。

【注释】

①索虏：南北朝时南朝对北朝的辱称。②隔书朔：隔，断。隔书朔，即拒命不受天子所颁之历法，有叛逆朝廷之意。

③沙州：即今甘肃省敦煌及附近一带。④方山：在北魏都平城北的如浑河边，北魏孝文帝和冯太后将建寿陵于此，因此常到此处。

十一月，辛亥，立皇太子妃裴氏。

癸丑，魏遣假梁郡王嘉督二将出淮阴，陇西公琛督三将出广陵，河东公薛虎子督三将出寿阳，奉丹杨王刘昶入寇；许昶以克复旧业，世胙江南，①称藩于魏。蛮酋桓诞请为前驱，以诞为南征西道大都督。义阳②民谢天盖自称司州③刺史，欲以州附魏，魏乐陵镇将韦珍引兵渡淮应接。④豫章王嶷遣中兵参军萧惠朗将二千人，助司州刺史萧景先讨天盖，韦珍略七千余户而去。景先，上之从子也。南兖州刺史王敬则闻魏将济淮，委镇还建康，士民惊散，既而魏竟不至。上以其功臣，不问。

上之辅宋也，遣骁骑将军王洪范使柔然，约与共攻魏。洪范自蜀出吐谷浑，历西域，乃得达。至是，柔然十余万骑寇魏，至塞上而还。

是岁，魏诏中书监高允议定律令。允虽笃老，而志识不衰。诏以允家贫养薄，令乐部丝竹十人五日一诣允以娱其志，朝晡给膳，朔望致牛酒，月给衣服绵绢；入见则备几杖，问以政治。

契丹莫贺弗勿干帅部落万余口入附于魏，居白狼水东。⑤

【注释】①胙：建置国家，世代传袭叫『胙』。②义阳：在今河南信阳。③司州：在今河南信阳市。④乐陵镇：在今山东省西部。⑤白狼水：即大陵河，在今辽宁省西部，亦称白狼河。

二年 春，正月，戊戌朔，大赦。

以司空褚渊为司徒，尚书右仆射王俭为左仆射；渊不受。

辛丑，上祀南郊。

魏陇西公琛等攻拔马头戍，①杀太守刘从。乙卯，诏内外纂严，发兵拒魏，征南郡王长懋为中军将军，镇石头。

魏广川王略卒。

魏师攻钟离，②徐州刺史崔文仲击破之。文仲遣军主崔孝伯渡淮，攻魏茌眉戍主龙得侯等，杀之。文仲，祖思之族人也。

群蛮依阻山谷，连带荆、湘、雍、郢、司五州之境，闻魏师入寇，□尽发民丁，③南襄城④蛮秦远乘虚寇潼阳，⑤杀县令。司州蛮引魏兵寇平昌，⑥平昌戍主苟元宾击破之。北上黄蛮文勉德寇汶阳，汶阳太守戴元宾弃城奔江陵，豫章王嶷遣中兵参军刘伾绪将千人讨之，至当阳，勉德请降，秦远遁去。

魏将薛道标引兵趣寿阳，上使齐郡太守刘怀慰作冠军将军薛渊书以招道标；魏人闻之，召道标还，使梁郡王嘉代之。怀慰，乘民之子也。二月，丁卯朔，嘉与刘昶寇寿阳。将战，昶四向拜将士，流涕纵横，曰：『愿同戮力，以雪仇耻！』

魏步骑号二十万，豫州刺史垣崇祖集文武议之，欲治外城，堰肥水以自固。皆曰：『昔佛狸入寇，南平王士卒完盛，数倍于今，犹以郭大难守，退保内城。且自有肥水，未尝堰也，恐劳而无益。』崇祖曰：『若弃外城，虏必据之，外修楼橹，内筑长围，则坐成擒矣。守郭筑堰，是吾不谏之策也。』乃于城西北堰肥水，堰北筑小城，周为深堑，使数千人守之，曰：『虏见城小，以为一举可取，必悉力攻之，以谋破堰；吾纵水冲之，皆为流尸矣。』魏人果蚁附攻小城，崇祖著白纱帽，肩舆上城，晡时，决堰下水；魏攻城之众漂坠堑中，人马溺死以千数。魏师退走。

谢天盖部曲杀天盖以降。

【注释】

①马头戍：古城名。在今河北公安北，与长江中的江津戍相对。为江防要地。②钟离：在今安徽凤阳东北。③口：宋刊本《资治通鉴》甲、乙十一行本均作『官』字。④南襄城：在今湖北省境内。⑤潼阳：在今湖北省境内。⑥平昌：在四川省东北部。

宋自孝建以来，政纲弛紊，簿籍讹谬，上诏黄门郎会稽虞玩之等更加检定，曰：『黄籍，①民之大纪，国之治端。

自顷巧伪日甚，何以厘革？』玩之上表，以为：『元嘉中，故光禄大夫傅隆年出七十，犹手自书籍，躬加隐校。今欲求治取正，必在勤明令长。愚谓宜以元嘉二十七年籍为正，更立明科，一听首悔；迷而不返，依制必戮；若有虚昧，州县同科。』上从之。

上以群蛮数为叛乱，分荆、益置巴州以镇之。壬申，以三巴校尉明慧昭为巴州刺史，领巴东太守。是时，齐之境内，有州二十三，[2]郡三百九十，[3]县千四百八十五。

乙酉，崔文仲遣军主陈靖拔魏竹邑，杀戍主白仲都；崔叔延破魏睢陵，杀淮阳太守梁恶。

三月，丁酉朔，以侍中西昌侯鸾为郢州刺史。鸾，帝兄始安贞王道生之子也，早孤，为帝所养，恩过诸子。

魏刘昶以雨水方降，表请还师，魏人许之；丙午，遣车骑大将军冯熙将兵迎之。

夏，四月，辛巳，魏主如白登山；五月，丙申朔，如火山；壬寅，还平城。

自晋以来，建康宫之外城唯设竹篱，而有六门。会有发白虎樽者，[4]言『白门三重关，竹篱穿不完』。上感其言，命改立都墙。

李乌奴数乘间出寇梁州，豫章王嶷遣中兵参军王图南，将益州兵从剑阁掩击之；梁、南秦二州刺史崔慧景发梁州兵屯白马，与图南覆背击乌奴，大破之，乌奴走保武兴。慧景，祖思之族人也。

秋，七月，辛亥，魏主如火山。

戊午，皇太子穆妃裴氏卒。

诏南郡王长懋移镇西州。

角城戍主举城降魏；秋，八月，丁酉，魏遣徐州刺史梁郡王嘉迎之。又遣平南将军郎大檀等三将出朐城，将军白吐头等二将出海西，将军元泰等二将出连口，将军封延等三将出角城，镇南将军贺罗出下蔡，同入寇。

甲辰，魏主如方山；戊申，游武州山石窟寺。庚戌，还平城。

崔慧景遣长史裴叔保攻李乌奴于武兴，为氐王杨文弘所败。

九月，甲午朔，日有食之。

丙午，柔然遣使来聘。

汝南太守常元真、龙骧将军胡青苟降于魏。

闰月，辛巳，遣领军李安民循行清、泗诸戍以备魏。

魏梁郡王嘉帅众十万围朐山，朐山戍主玄元度婴城固守，青、冀二州刺史范阳卢绍之遣子奂将兵助之。庚寅，元度大破魏师。台遣军主崔灵建等将万余人自淮入海，夜至，各举两炬；魏师望见，遁去。

冬，十月，王俭固请解选职，许之；加俭侍中，以太子詹事何戢领选。上以戢资重，欲加常待，褚渊曰：『圣旨每以蝉冕不宜过多。臣与王俭既已左珥，若复加戢，则八座[5]遂有三貂；[6]若帖以骁、游，亦为不少。』乃以戢为吏部尚书，加骁骑将军。

甲辰，以沙州刺史杨广香为西秦州刺史，又以其子炅为武都太守。

丁未，魏以昌黎王冯熙为西道都督，与征南将军桓诞出义阳，镇南将军贺罗出钟离，同入寇。

淮北四州民不乐属魏，常思归江南，上多遣间谍诱之。于是，徐州民桓标之、兖州民徐猛子等所在蜂起为寇盗，聚众保伍固，推司马朗之为主。魏遣淮阳王尉元、平南将军薛虎子等讨之。

十一月，戊寅，丹阳尹王僧虔上言：『郡县狱相承有上汤杀囚，名为救疾，实行冤暴。岂有死生大命，而潜制下邑！愚谓囚病必先刺郡，[7]求职司与医对共诊验，远县家人省视，然后处治。』上从之。

戊子，以杨难当之孙后起为北秦州刺史、[8]武都王，[9]镇武兴。

十二月，戊戌，以司空褚渊为司徒。渊入朝，以腰扇障日，征虏功曹刘祥从侧过，曰：『作如上举止，羞面见人，扇障何益！』渊曰：『寒士不逊！』祥曰：『不能杀袁、刘，安得免寒士！』祥，穆之之孙也。祥好文学，而性韵刚疏，撰《宋书》，讥斥禅代；王俭密以闻，坐徙广州而卒。

太子宴朝臣于玄圃，右卫率沈文季与褚渊语相失，文季怒曰：『渊自谓忠臣，不知死之日何面目见宋明帝！』太子笑曰：『沈率醉矣。』

壬子，以豫章王嶷为中书监、司空、扬州刺史，以临川王映为都督荆、雍等九州诸军事、荆州刺史。

是岁，魏尚书令王睿进爵中山王，加镇东大将军；置王官二十二人，以中书侍郎郑羲为傅，郎中令以下皆当时名士。又拜睿妻丁氏为妃。

【注释】

①黄籍：晋代和南朝用黄纸书写的户籍总册。②州二十三：为扬、南徐、豫、南豫、南兖、北兖、北徐、青、冀、江、广、交、越、荆、巴、郢、司、雍、湘、梁、秦、益、宁州。③郡三百九十：有寄治的，有新置的，还有是少数民族地区的，无人烟地区，建置虽多，许多是名存实亡的。④白虎樽：一种盛酒器，盖上雕有白虎，以示忌惮。倘若有进献直言给皇帝的，就拿白虎樽盛酒喝，表示无所顾忌。⑤八座：东汉至唐，以尚书令、仆射与列曹（部）尚书为八座。⑥貂：自汉以来，侍中、中常侍冠上的装饰物。士人任侍中、中常侍，则银珰左貂，宦者为之，则金珰右貂。这里指为侍中、中常侍官职。⑦刺：把病囚姓名登记后上报郡县，叫做『刺』。⑧北秦州：即今甘肃省成县。⑨武都：古县名，在今甘肃西和西南。

三年 春，正月，封皇子锋为江夏王。

魏人寇淮阳，围军主成买于甬城，①上遣领军将军李安民为都督，与军主周盘龙等救之。魏人缘淮大掠，江北民皆惊走，渡江，成买力战而死。盘龙之子奉叔以二百人陷陈深入，魏以万余骑张左右翼围之。或告盘龙云『奉叔已没』，盘龙驰马奋矟，直突魏陈，所向披靡。奉叔已出，复入求盘龙。父子两骑萦扰，魏数万之众莫敢当者；魏师遂败，杀伤万计。魏师退，李安民等引兵追之，战于孙溪渚，又破之。

己卯，魏主南巡，司空苟颓留守；丁亥，魏主至中山。

二月，辛卯朔，魏大赦。

丁酉，游击将军桓康复败魏师于淮阳，进攻樊谐城，拔之。

魏主自中山如信都；癸卯，复如中山；庚戌，还，至肆州。②

沙门法秀以妖术惑众，谋作乱于平城；苟颓帅禁兵收掩，悉擒之。魏主还平城，有司囚法秀，加以笼头，铁锁无故自解。魏人穿其颈骨，祝之曰：『若果有神，当令穿肉不入。』遂穿以徇，三日乃死。议者或欲尽杀道人，冯太后不可，乃止。

垣崇祖之败魏师也，恐魏复寇淮北，乃徙下蔡戍于淮东。既而魏师果至，欲攻下蔡；闻其内徙，欲夷其故城。己酉，崇祖引兵渡淮击魏，大破之，杀获千计。

晋、宋之际，荆州刺史多不领南蛮校尉，别以重人居之。豫章王嶷为荆、湘二州刺史，领南蛮。嶷罢，更以侍中王奂为之，奂固辞，曰：『西土戎烬之后，痍毁难复。今复割撤太府，制置偏校，崇望不足助强，语实交能相弊。且资力既分，职司增广，众劳务倍，文案滋烦，窃以为国计非允。』癸丑，罢南蛮校尉官。

三月，辛酉朔，魏主如肆州；己巳，还平城。

魏法秀之乱，事连兰台御史张求等百余人，皆以反，法当族。尚书令王睿请诛首恶，宥其余党。乃诏：『应诛五族者，降为三族；三族者，门诛；门诛，止其身。』所免千余人。

夏，四月，己亥，魏主如方山。冯太后乐其山川，曰：『它日必葬我于是，不必祔山陵也。』乃为太后作寿陵，又建永固石室于山上，欲以为庙。

桓标之等有众数万，寨险求援；庚子，诏李安民督诸将往迎之，又使兖州刺史周山图自淮入清，倍道应接。淮北民桓磊磈破魏师于抱犊固。李安民赴救迟留，标之等皆为魏所灭，余众得南归者尚数千家；魏人亦掠三万余口归平城。

魏任城康王云卒。

五月，壬戌，邓至王像舒遣使入贡于魏。邓至者，羌之别种，国于宕昌之南。

六月，壬子，大赦。

甲辰，魏中山宣王王睿卒。睿疾病，太皇太后、魏主累至其家视疾。及卒，赠太宰，立庙于平城南。文士为睿作哀诗及诔者百余人，及葬，自称亲姻、义旧，缞鹕哭送者千余人。③魏主以睿子中散大夫袭代睿为尚书令，领吏部曹。

戊午，魏封皇叔简为齐郡王，猛为安丰王。

秋，七月，己未朔，日有食之。

上使后军参军车僧朗使于魏。甲子，僧朗至平城，魏主问曰：『齐辅宋日浅，何故遽登大位？』对曰：『虞、夏登庸，身陟元后，魏、晋匡辅，贻厥子孙，④时宜各异耳。』

辛酉，柔然别帅他稽帅众降魏。

杨文弘遣使请降，诏复以为北秦州刺史。先是，杨广香卒，其众半奔文弘，半奔梁州。文弘遣杨后起据白水。上虽授以官爵，而阴敕晋寿太守杨公则使伺便图之。

宋升明中，遣使者殷灵诞、苟昭先如魏，闻上受禅，灵诞谓魏典客曰：『宋、魏通好，忧患是同。宋今灭亡，魏不相救，何用和亲！』及刘昶入寇，灵诞请为昶司马，不许。九月，庚午，魏阅武于南郊，因宴群臣，置车僧朗于灵诞下，僧朗不肯就席，曰：『灵诞昔为宋使，今为齐民。乞魏主以礼见处。』灵诞遂与相忿詈。刘昶赂宋降人解奉君于会刺杀僧朗，魏人收奉君，诛之；厚送僧朗之丧，放灵诞等南归。及世祖即位，昭先具以灵诞之语启闻，灵诞坐下狱死。

辛未，柔然主遣使来聘，与上书，谓上为『足下』，自称曰『吾』，遣上师子皮裤褶，⑤约共伐魏。

魏尉元、薛虎子克五固，斩司马朗之，东南诸州皆平。⑥尉元入为侍中、都曹尚书，薛虎子为彭城镇将，迁徐州刺史。时州镇戍兵，资绢自随，不入公库。虎子上表，以为：『国家欲取江东，先须积谷彭城。切惟在镇之兵，不减数万，资粮之绢，人十二匹；用度无准，未及代下，不免饥寒，公私损费。今徐州良田十万余顷，水陆肥沃，清、汴通流，足以溉灌。若以兵绢市牛，可得万头，兴置屯田，一岁之中，且给官食。半兵芸殖，余兵屯戍，且耕且守，不妨捍边。一年之收，过于十倍之绢；暂时之耕，足充数载之食。于后兵资皆贮公库，五稔之后，⑦谷帛俱溢，非直戍卒丰饱，亦有吞敌之势。』魏人从之。虎子为政有惠爱，兵民怀之。会沛郡太守邵安、下邳太守张攀以赃污为虎子所案，各遣子上书，告虎子与江南通，魏主曰：『虎子必不然。』推按，果虚，诏安、攀皆赐死，二子各鞭一百。

吐谷浑王拾寅卒，世子度易侯立。冬，十月，戊子朔，以度易侯为西秦、河二州刺史、河南王。

魏中书令高闾等更定新律成，凡八百三十二章；门房之诛十有六，大辟二百三十五，杂刑三百七十七。

初，高昌王阚伯周卒，子义成立；是岁，其从兄首归杀义成自立。高车王可至罗杀首归兄弟，以敦煌张明为高昌王。国人杀明，立马儒为王。

【注释】

①甬城：今江苏淮阴县南。②肆州：在今山西忻县西北。③缞：亦作『衰』，古时丧服，用粗麻布制成，披在胸前。④贻厥：亦做『诒厥』。贻，遗留给；厥，犹『其』。鹅：古代丧服中的麻带，在首为首鹅，在腰为腰带，也专指腰带。

后因以为子孙的代称。⑤袴褶：袴，本作『绔』，古时指套裤；褶，夹衣。⑥东南诸州：指淮北四州，淮北四州位于北魏东南。⑦稔：庄稼成熟。谷一熟为一年，所以也称年为『稔』。

四年 春，正月，壬戌，诏置学生二百人，以中书令张绪为国子祭酒。

甲戌，魏大赦。

三月，庚申，上召司徒褚渊、尚书左仆射王俭受遗诏辅太子；壬戌，殂于临光殿。太子即位，大赦。

高帝沉深有大量，博学能文。性清俭，主衣中有玉导，[1]上敕中书曰：『留此正是兴长病源！』即命击碎；仍案检有何异物，皆随此例。每曰：『使我治天下十年，当使黄金与土同价。』

乙丑，以褚渊录尚书事，王俭为侍中、尚书令，车骑将军张敬儿开府仪同三司。丁卯，以前将军王奂为尚书左仆射。

庚午，以豫章王嶷为太尉。

庚辰，魏主临虎圈，诏曰：『虎狼猛暴，取捕之日，每多伤害；既无所益，损费良多，从今勿复捕贡。』

夏，四月，庚寅，上大行谥曰高皇帝，[2]庙号太祖。丙午，葬泰安陵。

辛卯，追尊穆妃为皇后。六月，甲申朔，立南郡王长懋为皇太子。丙申，立太子妃王氏。妃，琅邪人也。封皇子闻喜公子良为竟陵王，临汝公子卿为庐陵王，应城公子敬为安陆王，江陵公子懋为晋安王，枝江公子隆为随郡王，子真为建安王，皇孙昭业为南郡王。

司徒褚渊寝疾，自表逊位，世祖不许，渊固请恳切，癸卯，以渊为司空，领骠骑将军。侍中、录尚书如故。

秋，七月，魏发州郡五万人治灵丘道。

吏部尚书济阳江谧，性谄躁，太祖殂，谧恨不豫顾命；上即位，谧又不迁官；以此怨望、诽谤。会上不豫，谧诣豫章王嶷请间，曰：『至尊非起疾东宫又非才，公今欲作何计？』上知云，使御史中丞沈冲奏谧前后罪恶，庚寅，赐谧死。

癸卯，南康文简公褚渊卒，世子侍中贲耻其父失节，服除，遂不仕，以爵让其弟蓁，屏居墓下终身。

九月，丁巳，以国哀罢国子学。

氏王杨文弘卒。诸子皆幼，乃以兄子后起为嗣。九月，辛酉，魏以后起为武都王，文弘子集始为白水太守。既而集始自立为王，后起击破之。

魏以荆州巴、氐扰乱，[3]以镇西大将军李崇为荆州刺史。崇，显祖之舅子也。将之镇，敕发陕、秦二州兵送之，崇辞曰：『边人失和，本怨刺史。今奉诏代之，自然安靖；但须一诏而已，不烦发兵自防，使之怀惧也。』魏朝从之。崇遂轻将数十骑驰至上洛，宣诏慰谕，民夷帖然。崇命边戍掠得齐人者悉还之，由是齐人亦还其生口二百许人，二境交和，无复烽燧之警。久之，徙兖州刺史。

兖土旧多劫盗，崇命村置一楼，楼皆悬鼓，盗发之处，乱击之；旁村始闻者，以一击为节，次二，次三，俄顷之间，声布百里；皆发人守险要。由是盗发无不擒获。其后诸州皆效之，自崇始也。

辛未，以征南将军王僧虔为左光禄大夫、开府仪同三司，以尚书右仆射王奂为湘州刺史。

宋故建平王景素主簿何昌寓、记室王摛及所举秀才刘琎，前后上书陈景素德美，为之讼冤。冬，十月，辛丑，诏听以士礼还葬旧茔。琎，瓛之弟也。

十一月，魏高祖将亲祀七庙，[4]命有司具仪法，依古制备牲牢、器服及乐章；自是四时常祀皆举之。

【注释】

①主衣：宫廷中主管皇帝等穿着衣服的人。宫廷中设有主衣库，存放皇帝衣服、饰物，这里指主衣库。②大行：古时用以称初死的皇帝。③荆州：在今陕西商县。④七庙：古代宗法制度，天子祭祀祭七庙，以太祖庙居中，左右三昭三穆，共七庙。

梁纪

太宗简文皇帝上

大宝元年 春，正月，辛亥朔，大赦，改元。

陈霸先发始兴，至大庾岭，[1]蔡路养将二万人军于南野以拒之。[2]路养妻侄兰陵萧摩诃，年十三，单骑出战，无敢当者。杜僧明马被伤，陈霸先救之，授以所乘马。僧明上马复战，众军因而乘之。路养大败，脱身走。霸先进军南康，湘东王绎承制授霸先明威将军、交州刺史。

戊辰，东魏进太原公高洋位丞相、都督中外诸军、录尚书事、大行台、齐郡王。

庚午，邵陵王纶至江夏，郢州刺史南平王恪郊迎，以州让之，纶不受；乃推纶为假黄钺，都督中外诸军事，承制置百官。

魏杨忠围安陆，柳仲礼驰归救之。诸将恐仲礼至则安陆难下，请急攻之。忠曰：『攻守势殊，未可猝拔；若引日劳师，表里受敌，非计也。南人多习水军，不闲野战，仲礼师在近路，吾出其不意，以奇兵袭之，彼怠我奋，一举可克。克仲礼，则安陆不攻自拔，诸城可传檄定也。』乃选骑二千，衔枚夜进，败仲礼于漴头，获仲礼及其弟子礼，尽俘其众。马岫以安陆，别将王叔孙以竟陵，皆降于忠。于是汉东之地尽入于魏。

广陵人来嶷说前广陵太守祖皓曰：『董绍先轻而无谋，人情不附。袭而杀之，此壮士之任耳。今欲纠帅义勇，奉戴府君。若其克捷，可立桓、文之勋；必天未悔祸，犹足为梁室忠臣。』皓曰：『此仆所愿也。』乃相与纠合勇士，得百馀人。癸酉，袭广陵，斩南兖州刺史董绍先；据城，驰檄远近，推前太子舍人萧勔为刺史，仍结东魏为援。皓，暅之之子；[3]勔，勃之兄也。乙亥，景遣郭元建帅众奄至，皓婴城固守。

二月，魏杨忠乘胜至石城，[4]欲进逼江陵，湘东王绎遣舍人庾恪说忠曰：『詧来伐叔而魏助之，何以使天下归心！』忠遂停湕北。绎遣舍人王孝祀等送子方略为质以求和，魏人许之。绎与忠盟曰：『魏以石城为封，梁以安陆为界，请同附庸，并送质子，贸迁有无，永敦邻睦。』忠乃还。

宕昌王梁弥定为其宗人獠甘所袭，弥定奔魏，獠甘自立。羌酋傍乞铁忽据渠株川，与渭州民郑五丑合诸羌以叛魏。丞相泰使大将军宇文贵、凉州刺史史宁讨之，擒斩铁忽、五丑。宁别击獠甘，破之，獠甘将百骑奔生羌巩廉玉。

宁复纳弥定于宕昌，置岷州于渠株川，[5]进击巩廉玉，斩獠甘，虏廉玉送长安。

侯景遣任约、于庆等帅众二万攻诸藩。

邵陵王纶欲救河东王誉，而兵粮不足，乃致书于湘东王绎曰：『天时地利，不及人和，况乎手足肱支，岂可相害！今社稷危耻，创巨痛深，唯应剖心尝胆，泣血枕戈，其馀小忿，或宜容贯。若外难未除，家祸仍构，料今访古，未或不亡。夫征战之理，唯求克胜；至于骨肉之战，愈胜愈酷，捷则非功，败则有丧，劳兵损义，亏失多矣。侯景之军所以未窥江外者，良为藩屏盘固，宗镇强密。弟若陷洞庭，不戢兵刃，雍州疑迫，何以自安，必引进魏军以求形援。弟若不安，家国去矣。必希解湘州之围，存社稷之计。』绎复书，陈誉过恶不赦，且曰：『磬引杨忠来相侵逼，颇遵谈笑，用却秦军，曲直有在，不复自陈。临湘旦平，暮便即路。』纶得书，投之于案，慷慨流涕曰『天下之事，一至于斯！湘州若败，吾亡无日矣！』

侯景遣侯子鉴帅舟师八千，自帅徒兵一万，攻广陵，三日，克之，执祖皓，缚而射之，箭遍体，然后车裂以徇；城中无少长皆埋之于地，驰马射而杀之。以子鉴为南兖州刺史，镇广陵。景还建康。

丙戌，以安陆王大春为东扬州刺史。省吴州。[6]

乙巳，以尚书仆射王克为左仆射。

庚寅，东魏以尚书令高隆之为太保。

宣城内史杨白华进据安吴，[7]侯景遣于子悦等帅众攻之，不克。

东魏行台辛术将兵入寇，围阳平，[8]不克。

侯景纳上女溧阳公主，甚爱之。三月，甲申，景请上禊宴于乐游苑，[9]帐饮三日。上还宫，景与公主共据御床，南面并坐，群臣文武列坐侍宴。

庚申，东魏进丞相洋爵为齐王。

临川内史始兴王毅等击庄铁，鄱阳王范遣其将巴西侯瑱救之，毅等败死。

鄱阳世子嗣与任约战于三章，约败走；嗣因徙镇三章，谓之安乐栅。

夏，四月，庚辰朔，湘东王绎以上甲侯韶为长沙王。

丙午，侯景请上幸西州，⑩上御素辇，侍卫四百馀人，景浴铁数千，翼卫左右。上闻丝竹，凄然泣下，命景起舞，景亦请上起舞。酒阑坐散，上抱景于床曰：『我念丞相！』景曰：『陛下如不念臣，臣何得至此！』逮夜乃罢。

时江南连年旱蝗，江、扬尤甚，百姓流亡，相与入山谷、江湖，采草根、木叶、菱芡而食之，所在皆尽，死者蔽野。富室无食，皆鸟面鹄形，衣罗绮，怀金玉，俯伏床帷，待命听终。千里绝烟，人迹罕见，白骨成聚，如丘陇焉。

景性残酷，于石头立大碓，有犯法者捣杀之。常戒诸将曰：『破栅平城，当净杀之，使天下知吾威名。』故诸将每战胜，专以焚掠为事，斩刈人如草芥，以资戏笑。由是百姓虽死，终不附之。又禁人偶语，犯者刑及外族。为其将帅者，悉称行台，来降附者，悉称开府，其亲寄隆重者曰左右厢公，勇力兼人者曰库直都督。

魏封皇子儒为燕王，公为吴王。

侯景召宋子仙还京口。

邵陵王纶在郢州，以听事为正阳殿，内外斋阁，悉加题署。其部下陵暴军府，郢州将佐莫不怨之。咨议参军江仲举，南平王恪之谋主也，说恪图纶，恪惊曰：『若我杀邵陵，宁静一镇，荆、益兄弟必皆内喜，海内若平，则以大义责我矣。且巨逆未枭，骨肉相残，自亡之道也。卿且息之。』仲举不从，部分诸将，刻日将发；谋泄，纶压杀之。恪狼狈往谢，纶曰：『群小所作，非由兄也。凶党已毙，兄勿深忧。』

王僧辩急攻长沙，辛巳，克之。执河东王誉，斩之，传首江陵，湘东王绎反其首而葬之。初，世子方等之死，临蒸周铁虎功最多，誉委遇甚重。僧辩得铁虎，命烹之，呼曰：『侯景未灭，奈何杀壮士！』僧辩奇其言而释之，还其麾下。绎以僧辩为左卫将军，加侍中、镇西长史。

绎自去岁闻高祖之丧，以长沙未下，故匿之。壬寅，始发丧，刻檀为高祖像，置于百福殿，事之甚谨，动静必咨焉。绎以为天子制于贼臣，不肯从大宝之号，犹称太清四年。丙午，绎下令大举讨侯景，移檄远近。

【注释】

①大庾岭：在今江西大余县南，广东南雄县北。②南野：在今江西南康县。③暅：祖暅，南朝著名科学家祖冲之的儿子。字景烁，少传家业，研讨天文历法，继父修改何承天历法，位至太府卿。④石城：即今湖北钟祥市。⑤岷州：即今甘肃岷县。⑥吴州：在今江苏江都县。⑦安吴：在今安徽泾县。⑧阳平：在今山东汶上县。⑨禊：祭也。古人

于春秋二季临水洁濯，祓除不祥的祭祀。农历三月行春禊，七月行秋禊。⑩西州：在今江苏南京市郊江宁县。

鄱阳王范至湓城，以晋熙为晋州，[1]遣其世子嗣为刺史，江州郡县多辄改易。寻阳王大心，政令所行，不出一郡。大心遣兵击庄铁，嗣与铁素善，请发兵救之，范遣侯瑱帅精甲五千助铁。由是二镇互相猜忌，无复讨贼之志。大心使徐嗣徽帅众二千，筑垒稽亭以备范，市籴不通，范数万之众，无所得食，多饿死。范愤恚，疽发于背，五月，乙卯，卒。其众秘不发丧，奉范弟安南侯恬为主，有众数千人。

丙辰，侯景以元思虔为东道大行台，镇钱塘。丁巳，以侯子鉴为南兖州刺史。

东魏齐王洋之为开府也，勃海高德政为管记，由是亲昵，言无不尽。金紫光禄大夫丹杨徐之才、北平太守广宗宋景业，皆善图谶，以为太岁在午，当有革命，因德政以白洋，劝之受禅。洋以告娄太妃，太妃曰：『汝父如龙，兄如虎，犹以天位不可妄据，终身北面。汝独何人，欲行舜、禹之事乎！』洋以告之才，之才曰：『正为不及父兄，故宜早升尊位耳。』洋铸像卜之而成，乃使开府仪同三司段韶问肆州刺史斛律金，金来见洋，固言不可，以宋景业首陈符命，请杀之。洋与诸贵议于太妃前，太妃曰：『吾儿懦直，必无此心，高德政乐祸，教之耳。』洋以人心不壹，使高德政如邺察公卿之意，未还；洋拥兵而东，至平都城，[2]召诸勋贵议之，莫敢对。长史杜弼曰：『关西，国之劲敌，若受魏禅，恐彼挟天子，自称义兵而东向，王何以待之！』徐之才曰：『今与王争天下者，彼亦欲为王所为。纵其屈强，不过随我称帝耳。』弼无以应。高德政至邺，讽公卿，莫有应者。司马子如逆洋于辽阳，[3]固言未可。洋欲还，仓丞李集曰：『王来为何事，而今欲还？』洋伪使于东门杀之，而别令赐绢十匹，遂还晋阳，自是居常不悦。徐之才、宋景业等日陈阴阳杂占，云宜早受命。高德政亦敦劝不已。洋使术士李密卜之，遇《大横》，曰：『汉文之卦也。』又使宋景业筮之，遇《乾》之《鼎》，曰：『《乾》，君也。《鼎》，五月卦也。宜以仲夏受禅。』或曰：『五月不可入官，犯之，终于其位。』景业曰：『王为天子，无复下期，岂得不终于其位乎！』洋大悦，乃发晋阳。

高德政录在邺诸事，条进于洋，洋令左右陈山提驰驿赍事条并密书与杨愔。是月，山提至邺，杨愔即召太常卿邢劭等议撰仪注，秘书监魏收草九锡、禅让、劝进诸文；引魏宗室诸王入北宫，留于东斋。甲寅，东魏进洋位相国，总百揆，备九锡。洋行至前亭，所乘马忽倒，意甚恶之。至平都城，不复肯进。高德政、徐之才苦请曰：『山提先去，恐其漏泄。」即命司马子如、杜弼驰驿续入，观察物情。子如等至邺，众人以事势已决，无敢异言。洋至邺，召夫赍筑具集城南。高隆之请曰：「用此何为？」洋作色曰：「我自有事，君何问为！欲族灭邪！」隆之谢而退。于是作圜丘，备法物。

丙辰，司空潘乐、侍中张亮、黄门郎赵彦深等求入启事，东魏孝静帝在昭阳殿见之。亮曰：「五行递运，有始有终。齐王圣德钦明，万方归仰，愿陛下远法尧、舜。」帝敛容曰：「此事推挹已久，谨当逊避。」又曰：「若尔，须作制书。」中书郎崔劼、裴让之曰：「制已作讫。」使侍中杨愔进之。东魏主既署，曰：「居朕何所？」愔对曰：「北城别有馆宇。」乃下御坐，步就东廊，咏范蔚宗《后汉书·赞》曰：「献坐不辰，身播国屯，终我四百，永作虞宾。」所司请发，帝曰：「古人念遗簪弊履，朕欲与六宫别，可乎？」高隆之曰：「今日天下犹陛下之天下，况在六宫！」帝步入，与妃嫔已下别，举宫皆哭。赵国李嫔诵陈思王诗云：「王其爱玉体，俱享黄髪期。」直长赵道德以故犊车一乘候于东阁，帝登车，道德超上抱之，帝叱之曰：「朕自畏天顺人，何物奴敢逼人如此！」道德犹不下。出云龙门，王公百僚拜辞，高隆之洒泣。遂入北城，居司马子如南宅，遣太尉彭城王韶等奉玺绶，禅位于齐。

戊午，齐王即皇帝位于南郊，大赦，改元天保。自魏敬宗以来，百官绝禄，至是始复给之。己未，封东魏主为中山王，待以不臣之礼。追尊齐献武王为献武皇帝，庙号太祖，后改为高祖；文襄王为文襄皇帝，庙号世宗。辛酉，尊王太后娄氏为皇太后。乙丑，降魏朝封爵有差，其宣力霸朝及西、南投化者，不在降限。

【注释】①晋熙：在今安徽潜山县。②平都城：即今山西和顺县。③辽阳：在今山西左权县。

文成侯宁起兵于吴，有众万人，己巳，进攻吴郡；行吴郡事侯子荣逆击，杀之。宁，范之弟也。子荣因纵兵大掠郡境。自晋氏度江，三吴最为富庶，贡赋商旅，皆出其地。及侯景之乱，掠金帛既尽，乃掠人而食之，或卖于北境，遗民殆尽矣。

是时，唯荆、益所部尚完实，太尉、益州刺史武陵王纪移告征、镇，使世子圆照帅兵三万受湘东王节度。圆照军至巴水，①绎授以信州刺史，令屯白帝，②未许东下。

六月，辛巳，以南郡王大连行扬州事。

江夏王大款、山阳王大成、宜都王大封自信安间道奔江陵。

齐主封宗室高岳等十人、功臣库狄干等七人皆为王。癸未，封弟浚为永安王，淹为平阳王，浟为彭城王，演为常山王，涣为上党王，淯为襄城王，湛为长广王，湝为任城王，湜为高阳王，济为博陵王，凝为新平王，润为冯翊王，洽为汉阳王。

鄱阳王范既卒，侯瑱往依庄铁，铁忌之；瑱不自安，丙戌，诈引铁谋事，因杀之，自据豫章。

寻阳王大心遣徐嗣徽夜袭湓城，安南侯恬、裴之横等击走之。

齐主娶赵郡李希宗之女，生子殷及绍德；又纳段韶之妹。及将建中宫，高隆之、高德政欲结勋贵之援，乃言：『汉妇人不可为天下母，宜更择美配。』帝不从。丁亥，立李氏为皇后，以段氏为昭仪，子殷为皇太子。庚寅，以库狄干为太宰，彭乐为太尉，潘相乐为司徒，司马子如为司空。辛卯，以清河王岳为司州牧。

侯景以羊鸦仁为五兵尚书。庚子，鸦仁出奔江西，将赴江陵，至东莞，盗疑其怀金，邀杀之。

魏人欲令岳阳王詧发哀嗣位，詧辞，不受。丞相泰使荣权册命詧为梁王，始建台，置百官。

陈霸先修崎头古城，③徙居之。

初，燕昭成帝奔高丽，使其族人冯业以三百人浮海奔宋，因留新会。自业至孙融，世为罗州刺史，④融子宝为高凉太守。⑤高凉冼氏，世为蛮酋，部落十馀万家，有女，多筹略，善用兵，诸洞皆服其信义；融聘以为宝妇。融虽累世为方伯，非其土人，号令不行；冼氏约束本宗，使从民礼，每与宝参决辞讼，首领有犯，虽亲戚无所纵舍，由是冯氏始得行其政。

高州刺史李迁仕据大皋口，遣使召宝，宝欲往，冼氏止之曰：『刺史无故不应召太守，必欲诈君共反耳。』宝曰：『何以知之？』冼氏曰：『刺史被召援台，乃称有疾，铸兵聚众而后召君；此必欲质君以发君之兵也，愿且无往以观其变。』数日，迁仕果反，遣主帅杜平虏将兵入灨石，城鱼梁以逼南康，陈霸先使周文育击之。冼氏谓宝曰：『平虏，骁将也，今入灨石与官军相拒，势未得还，迁仕在州，无能为也。君若自往，必有战斗，宜遣使卑辞厚礼告之曰：「身未敢出，欲遣妇参。」彼闻之，必憙而无备。我将千馀人，步担杂物，唱言输赕，⑥得至栅下，破之必矣。』宝从之。迁仕果不设备，冼氏袭击，大破之，迁仕走保宁都。文育亦击走平虏，据其城。冼氏与霸先会于灨石，还，谓宝曰：

『陈都督非常人也，甚得众心，必能平贼，君宜厚资之。』

湘东王绎以霸先为豫州刺史，领豫章内史。

辛丑，裴之横攻稽亭，徐嗣徽击走之。

秋，七月，辛亥，齐立世宗妃元氏为文襄皇后，宫曰静德。又封世宗子孝琬为河间王，孝瑜为河南王。乙卯，以尚书令封隆之录尚书事，尚书左仆射平阳王淹为尚书令。

辛酉，梁王詧入朝于魏。

初，东魏遣仪同武威牒云洛等迎鄱阳世子嗣，使镇皖城。⑦嗣未及行，任约军至，洛等引去；嗣遂失援，出战，败死。约遂略地至湓城，寻阳王大心遣司马韦质出战而败，帐下犹有战士千馀人，咸劝大心走保建州；大心不能用，戊辰，以江州降约。先是，大心使前太子洗马韦臧镇建昌，⑧有甲士五千，闻寻阳不守，欲帅众奔江陵，未发，为麾下所杀。臧，粲之子也。

于庆略地至豫章，侯瑱力屈，降之，庆送瑱于建康。景以瑱同姓，待之甚厚，留其妻子及弟为质，遣瑱随庆徇蠡南诸郡，以瑱为湘州刺史。

【注释】①巴水：源出陕西大巴山和米仓山，南流至今重庆渠县入渠江，再入嘉陵江。②白帝：即今四川奉节县东白帝山。③崎头古城：在今江西大庾县东。④罗州：在今广东化县。⑤高凉：在今广东阳江县。⑥赕：古时，东方、南方民族以财赎罪。⑦皖城：在今安徽潜山县。⑧建昌：在今湖南辰溪县。

初，巴山人黄法氍，有勇力，侯景之乱，合徒众保乡里。太守贺诩下江州，命法氍监郡事。法氍屯新淦，①于庆自豫章分兵袭新淦，法氍败之。陈霸先使周文育进军击庆，法氍引兵会之。

邵陵王纶闻任约将至，使司马蒋思安将精兵五千袭之，约众溃；思安不设备，约收兵袭之，思安败走。

湘东王绎改宜都为宜州，以王琳为刺史。

是月，以南郡王大连为江州刺史。

魏丞相泰以齐主称帝，帅诸军讨之。以齐王郭镇陇右，征秦州刺史宇文导为大将军、都督二十三州诸军事，屯咸阳，镇关中。益州沙门孙天英帅徒数千人夜攻州城，武陵王纪与战，斩之。

邵陵王纶大修铠仗，将讨侯景。湘东王绎恶之，八月，甲午，遣左卫将军王僧辩、信州刺史鲍泉等帅舟师一万东趣江、郢，声言拒任约，且云迎邵陵王还江陵，授以湘州。

齐主初立，励精为治。赵道德以事属黎阳太守清河房超，超不发书，棓杀其使；齐主善之，命守宰各设棓以诛属请之使。久之，都官中郎宋轨奏曰：『若受使请赇，犹致大戮，身为枉法，何以加罪！』乃罢之。

司都功曹张老上书请定齐律，诏右仆射薛琡等取魏《麟趾格》，更讨论损益之。

齐主简练六坊之人，每一人必当百人，任其临陈必死，然后取之，谓之『百保鲜卑』。又简华人之勇力绝伦者，谓之『勇士』，以备边要。

始立九等之户，[2]富者税其钱，贫者役其力。

九月，丁巳，魏军发长安。

王僧辩军至鹦鹉洲，郢州司马刘龙虎等潜送质于僧辩，邵陵王纶闻之，遣其子威正侯礩将兵击之，龙虎败，奔于僧辩。纶以书责僧辩曰：『将军前年杀人之侄，今岁伐人之兄，以此求荣，恐天下不许！』僧辩送书于湘东王绎，绎命进军。辛酉，纶集其麾下于西园，涕泣言曰：『我本无他，志在灭贼，湘东常谓与之争帝，遂尔见伐。今日欲守则交绝粮储，欲战则取笑千载，不容无事受缚，当于下流避之。』麾下壮士争请出战，纶不从，与礩自仓门登舟北出。僧辩入据郢州。绎以南平王恪为尚书令、开府仪同三司，世子方诸为郢州刺史，王僧辩为领军将军。

纶遇镇东将军裴之高于道，之高之子畿掠其军器，纶与左右轻舟奔武昌涧饮寺，僧法馨匿纶于岩穴之下。纶长史韦质、司马姜律等闻纶尚存，驰往迎之，说七栅流民以求粮仗。纶出营巴水，流民八九千人附之，稍收散卒，屯于齐昌，[3]遣使请降于齐，齐以纶为梁王。

湘东王绎改封皇子大款为临川王，大成为桂阳王，大封为汝南王。

癸亥，魏军至潼关。

庚午，齐主如晋阳，命太子殷居凉风堂监国。

【注释】①新淦：在今江西清江县。②九等之户：一种户籍制度，大率将所有居户分为上中下三等，每等又分上中下，即上上、上中、上下、中上、中中、中下、下上、下中、下下，共九等，然后依等差纳税服役。③齐昌：在今湖北蕲春县。

南郡王中兵参军张彪等起兵于若邪山，①攻破浙东诸县，有众数万。吴郡人陆令公等说太守南海王大临往依之。大临曰：『彪若成功，不资我力；如其桡败，以我自解。不可往也。』

任约进寇西阳、②武昌。③初，宁州刺史彭城徐文盛募兵数万人讨侯景，湘东王绎以为秦州刺史，使将兵东下，与约遇于武昌。绎以庐陵王应为江州刺史，以文盛为长史行府州事，督诸将拒之。应，续之子也。邵陵王纶引齐兵未至，移营马栅，距西阳八十里，任约闻之，遣仪同叱罗子通等将铁骑二百袭之，纶不为备，策马亡走。时湘东王绎亦与齐连和，故齐人观望，不助纶。定州刺史田祖龙迎纶，纶以祖龙为绎所厚，惧为所执，复归齐昌。行至汝南，魏所署汝南城主李素，纶之故吏也，开城纳之，任约遂据西阳、武昌。

裴之高帅子弟部曲千馀人至夏首，湘东王绎召之，以为新兴、④永守⑤二郡太守。又以南平王恪为武州刺史，镇武陵。⑥

初，邵陵王纶以衡阳王献为齐州刺史，镇齐昌；任约击擒之，送建康，杀之。献，畅之孙也。

乙亥，进侯景位相国，封二十郡，为汉王，加殊礼。

岳阳王詧还襄阳。

黎州民攻刺史张贲，⑦贲弃城走。州民引氐酋北益州刺史杨法琛据黎州，命王、贾二姓诣武陵王纪请法琛为刺史。纪深责之，囚法琛质子崇颙、崇虎。冬，十月，丁丑朔，法琛遣使附魏。

己卯，齐主至晋阳宫。广武王长弼与并州刺史段韶不协，齐主将如晋阳，长弼言于帝曰：『韶拥强兵在彼，恐不知人意，岂可径往投之！』帝不听。既至，以长弼语告之，曰：『如君忠诚，人犹有谗，况其馀乎！』长弼，永乐之弟也。乙酉，以特进元韶为尚书左仆射，段韶为右仆射。

乙未，侯景自加宇宙大将军、都督六合诸军事，以诏文呈上。上惊曰：『将军乃有宇宙之号乎！』

立皇子大钧为西阳王，大威为武宁王，大球为建安王，大昕为义安王，大挚为绥建王，大圜为乐梁王。

齐东徐州刺史行台辛术镇下邳。十一月，侯景征租入建康，术帅众度淮断之，烧其谷百万石，遂围阳平，景行台郭元建引兵救之。壬戌，术略三千馀家，还下邳。

武陵王纪帅诸军发成都，湘东王绎遣使以书止之曰：『蜀人勇悍，易动难安，弟可镇之，吾自当灭贼。』又别纸云：『地拟孙、刘，各安境界；情深鲁、卫，书信恒通。』

甲子，南平王恪帅文武拜笺推湘东王绎为相国，总百揆；绎不许。

魏丞相泰自弘农为桥，济河，至建州。丙寅，齐主自将出顿东城。泰闻其军容严盛，叹曰：『高欢不死矣！』会久雨，自秋及冬，魏军畜产多死，乃自蒲阪还。于是河南自洛阳，河北自平阳已东，皆入于齐。

【注释】

①若邪山：在今浙江绍兴市东南。②西阳：即今湖北黄州市。③武昌：即今湖北鄂州市。④新兴：即今湖北江陵县。⑤永守：即今湖北南漳市。⑥武陵：即今湖南常德市。⑦黎州：即今四川广元市。

太宗简文皇帝下

大宝二年 春，正月，新吴余孝顷举兵拒侯景，景遣于庆攻之，不克。

庚戌，湘东王绎遣护军将军尹悦、安东将军杜幼安、巴州刺史王珣将兵二万自江夏①趣武昌，②受徐文盛节度。

杨乾运攻拔剑阁，杨法琛退保石门，③乾运据南阴平。④

辛亥，齐主祀圜丘。

张彪遣其将赵稜围钱塘，孙凤围富春，侯景遣仪同三司田迁、赵伯超救之，稜、凤败走。稜，伯超之兄子也。

癸亥，齐主耕籍田。乙丑，享太庙。

魏杨忠围汝南，李素战死。二月，乙亥，城陷，执邵陵携王纶，杀之，投尸江岸；岳阳王詧取而葬之。

或告齐太尉彭乐谋反；壬辰，乐坐诛。

齐遣散骑常侍曹文皎使于江陵，湘东王绎使兼散骑常侍王子敏报之。

侯景以王克为太师，宋子仙为太保，元罗为太傅，郭元建为太尉，支化仁为司徒，任约为司空，王伟为尚书左仆射，索超世为右仆射。景置三公官，动以十数，仪同尤多。以子仙、元建、化仁为佐命元功，伟、超世为谋主，于子悦、彭隽主击断，陈庆、吕季略、卢晖略、丁和等为爪牙。梁人为景用者，则故将军赵伯超，前制局监周石珍，内监严亶，邵陵王记室伏知命。自馀王克、元罗及侍中殷不害、太常周弘正等，景从人望，加以尊位，非腹心之任也。

北兖州刺史萧邕谋降魏，侯景杀之。

杨乾运进据平兴，⑤平兴者，杨法琛所治也。法琛退保鱼石洞，乾运焚平兴而归。

李迁仕收众还击南康，陈霸先遣其将杜僧明等拒之，生擒迁仕，斩之。湘东王绎使霸先进兵取江州，以为江州刺史。

三月，丙午，齐襄城王淯卒。

庚戌，魏文帝殂，太子钦立。

乙卯，徐文盛等克武昌，进军芦洲。⑥

己未，齐以湘东王绎为梁相国，建梁台，总百揆，承制。

【注释】①江夏：即今湖北武汉市武昌。②武昌：即今湖北鄂州市。③石门：在今四川广元市。④南阴平：在今四川梓潼县西北。⑤平兴：在今四川广元市。⑥芦洲：地名，又叫逻洲。

齐司空司马子如自求封王，齐主怒，庚申，免子如官。

任约告急，侯景自帅众西上，携太子大器从军以为质，留王伟居守。闰月，景发建康，自石头至新林，舳舻相接。约分兵袭破定州刺史田龙祖于齐安。①壬寅，景军至西阳，与徐文盛夹江筑垒。癸卯，文盛击破之，射其右丞库狄式和坠水死，景遁走还营。

夏，四月，甲辰，魏葬文帝于永陵。

郢州刺史萧方诸，②年十五，以行事鲍泉和弱，常侮易之，或使伏床，骑背为马；恃徐文盛军在近，不复设备，日以蒲酒为乐。侯景闻江夏空虚，乙巳，使宋子仙、任约帅精骑四百，由淮内袭郢州。丙午，大风疾雨，天色晦冥，有登陴望见贼者，告泉曰：『虏骑至矣！』泉曰：『徐文盛大军在下，贼何因得至！当是王珣军人还耳。』既而走告者稍众，始命闭门，子仙等已入城。方诸方踞泉腹，以五色彩辫其髯；见子仙至，方诸迎拜，泉匿于床下；子仙俯窥见泉素髯间彩，惊愕，遂擒之，及司马虞豫，送于景所。景因便风，中江举帆，遂越文盛等军。丁未，入江夏。文盛众惧而溃，与长沙王韶等逃归江陵。珣、杜幼安以家在江夏，遂降于景。

湘东王绎以王僧辩为大都督，帅巴州③刺史丹杨淳于量、定州刺史杜龛、宜州④刺史王琳、郴州⑤刺史裴之横东击景，徐文盛以下并受节度。戊申，僧辩等军至巴陵，闻郢州已陷，因留戍之。绎遗僧辩书曰：『贼既乘胜，必将西下，不劳远击；但守巴丘，以逸待劳，无虑不克。』又谓僚佐曰：『景若水步两道，直指江陵，此上策也；据夏首，积兵粮，中策也；悉力攻巴陵，下策也。巴陵城小而固，僧辩足可委任。景攻城不拔，野无所掠，暑疫时起，食尽兵疲，破之必矣。』乃命罗州刺史徐嗣徽自岳阳、武州刺史杜崱自武陵引兵会僧辩。

景使丁和将兵五千守夏首，宋子仙将兵一万为前驱，趣巴陵，分遣任约直指江陵，景帅大兵水步继进。于是缘江戍逻，望风请服，景拓逻至于隐矶。⑥僧辩乘城固守，偃旗卧鼓，安若无人。壬戌，景众济江，遣轻骑至城下，问：

『城内为谁？』答曰：『王领军。』骑曰：『何不早降？』僧辩曰：『大军但向荆州，此城自当非碍。』骑去，顷之，执王珣等至城下，使说其弟琳。琳曰：『兄受命讨贼，不能死难，曾不内惭，翻欲赐诱！』取弓射之，珣惭而退。景肉薄百道攻城，城中鼓噪，矢石雨下。景士卒死者甚众，乃退。僧辩遣轻兵出战，凡十馀返，皆捷。景被甲在城下督战，僧辩著绶、乘舆、奏鼓吹巡城，景望之，服其胆勇。

岳阳王詧闻侯景克郢州，遣蔡大宝将兵一万进据武宁，[7]遣使至江陵，诈称赴援。众议欲答以侯景已破，令其退军。湘东王绎曰：『今语以退军，是趣之令进也。』乃使谓大宝曰：『岳阳累启连和，不相侵犯，卿那忽据武宁？今当遣天门太守胡僧祐精甲二万、铁马五千顿㵐水，待时进军。』詧闻之，召其军还。僧祐，南阳人也。

【注释】①齐安：即今湖北黄州市。②郢州：即今湖北武汉市。③巴州：又称巴陵郡，即今湖南岳阳市。④宜州：又称夷陵郡，地名，即今湖北宜昌市。⑤郴州：又为桂林郡，即今湖南郴州市。⑥隐矶：在今湖南临湘县东北长江边，与江北彭城矶相对。⑦武宁：即今湖北荆门市。

五月，魏陇西襄公李虎卒。

侯景昼夜攻巴陵，不克，军中食尽，疾疫死伤太半。湘东王绎遣晋州刺史萧惠正将兵援巴陵，惠正辞不堪，举胡僧祐自代。僧祐时坐谋议忤旨系狱，绎即出之，拜武猛将军，令赴援，戒之曰：『贼若水战，但以大舰临之，必克。若欲步战，自可鼓棹直就巴丘，不须交锋也。』僧祐至湘浦，景遣任约帅锐卒五千据白塉以待之。僧祐由它路西上，约谓其畏己，急追之，及于芊口，[1]呼僧祐曰：『吴儿，何不早降！走何所之！』僧祐不应，潜引兵至赤沙亭；会信州刺史陆法和至，与之合军。法和有异术，先隐于江陵百里洲，[2]衣食居处，一如苦行沙门，或豫言吉凶，多中，人莫能测。侯景之围台城也，或问之曰：『事将何如？』法和曰：『凡人取果，宜待熟时，不撩自落。』固问之，法和曰：『亦克亦不克。』及任约向江陵，法和自请击之，绎许之。

壬寅，约至赤亭。六月，甲辰，僧祐、法和纵兵击之，约兵大溃，杀溺死者甚众，擒约送江陵。景闻之，乙巳，焚营宵遁。以丁和为郢州刺史，留宋子仙等，众号二万，戍郢城；别将支化仁镇鲁山，范希荣行江州事，仪同三司任延和、晋州刺史夏侯威生守晋州。[3]景与麾下兵数千，顺流而下。丁和以大石磕杀鲍泉及虞预，沈于黄鹤矶。任约至江陵，绎赦之。徐文盛坐怨望，下狱死。巴州刺史余孝顷遣兄子僧重将兵救鄱阳，于庆退走。

绎以王僧辩为征东将军、尚书令，胡僧祐等皆进位号，使引兵东下。陆法和请还，既至，谓绎曰：『侯景自然平矣，蜀贼将至，请守险以待之。』乃引兵屯峡口。庚申，王僧辩至汉口，先攻鲁山，擒支化仁送江陵。辛酉，攻郢州，克其罗城，斩首千级。宋子仙退据金城，僧辩四面起土山攻之。

豫州刺史荀朗自巢湖出濡须邀景，破其后军，景奔归，船前后相失。太子船入枞阳浦，船中腹心皆劝太子因此入北，太子曰：『自国家丧败，志不图生，主上蒙尘，宁忍违离左右！吾今若去，乃是叛父，非避贼也。』因涕泗呜咽，即命前进。

甲子，宋子仙等困蹙，乞输郢城，身还就景，王僧辩伪许之，命给船百艘以安其意。子仙谓为信然，浮舟将发，僧辩命杜龛帅精勇千人攀堞而上，鼓噪奄进，水军主宋遥帅楼船，暗江云合。子仙且战且走，至白杨浦，大破之。周铁虎生擒子仙及丁和，送江陵，杀之。

庚午，齐主以司马子如高祖之旧，复以为太尉。

江安侯圆正为西阳太守，宽和好施，归附者众，有兵一万。湘东王绎欲图之，署为平南将军。及至，弗见，使南平王恪与之饮，醉，因囚之内省，分其部曲，使人告其罪。荆、益之衅自此起矣。

【注释】

①芊口：在今湖南华容县。②百里洲：在今湖北枝江市。③晋州：即今安徽潜山县。

陈霸先引兵发南康，灨石旧有二十四滩，会水暴涨数丈，三百里间，巨石皆没，霸先进顿西昌。[1]

铁勒将伐柔然，[2]突厥酋长土门邀击，破之，尽降其众五万馀落。土门恃其强盛，求婚于柔然，柔然头兵可汗大怒，使人詈辱之曰：『尔，我之锻奴也，何敢发是言！』土门亦怒，杀其使者，遂与之绝，而求婚于魏；魏丞相泰以长乐公主妻之。

秋，七月，乙亥，湘东王绎以长沙王韶监郢州事。丁亥，侯景还至建康。于庆自鄱阳还豫章，侯瑱闭门拒之，庆走江州，据郭默城。[3]绎以瑱为兖州刺史。景悉杀瑱子弟。

辛丑，王僧辩乘胜下湓城，陈霸先帅所部三万人将会之，屯于巴丘。[4]西军乏食，霸先有粮五十万石，分三十万石以资之。八月，壬寅朔，王僧辩前军袭于庆，庆弃郭默城走，范希荣亦弃寻阳城走。晋熙王僧振等起兵围郡城，僧辩遣沙州刺史丁道贵助之，任延和等弃城走。湘东王绎命僧辩且顿寻阳以待诸军之集。

初，景既克建康，常言吴儿怯弱，易以掩取。当须拓定中原，然后为帝。景尚帝女溧阳公主，嬖之，妨于政事。王伟屡谏，景以告主，主有恶言。伟恐为所谗，因说景除帝。及景自巴陵败归，猛将多死，自恐不能久存，欲早登大位。王伟曰：『自古移鼎，必须废立，既示我威权，且绝彼民望。』景从之。使前寿光殿学士谢昊为诏书，以为『弟侄争立，星辰失次，皆由朕非正绪，召乱致灾，宜禅位于豫章王栋。』使吕季略赍入，逼帝书之。栋，欢之子也。[5]

戊午，景遣卫尉卿彭隽等帅兵入殿，废帝为晋安王，幽于永福省，悉撤内外侍卫，使突骑左右守之，墙垣悉布枳棘。庚申，下诏迎豫章王栋。栋时幽拘，廪饩甚薄，仰蔬茹为食。方与妃张氏锄葵，法驾奄至，栋惊，不知所为，泣而升辇。

景杀哀太子大器、寻阳王大心、西阳王大钧、建平王大球、义安王大昕及王侯在建康者二十馀人。太子神明端嶷，于景党未尝屈意，所亲窃问之，太子曰：『贼若于事义，未须见杀，吾虽陵慢呵叱，终不敢言。若见杀时至，虽一日百拜，亦无所益。』又曰：『殿下今居困阨，而神貌怡然，不贬平日，何也？』太子曰：『吾自度死日必在贼前，若诸叔能灭贼，贼必先见杀，然后就死。若其不然，贼亦杀我以取富贵，安能以必死之命为无益之愁乎！』及难，太子颜色不变，徐曰：『久知此事，嗟其晚耳！』刑者将以衣带绞之，太子曰：『此不能见杀。』命取帐绳绞之而绝。

壬戌，栋即帝位。大赦，改元天正。太尉郭元建闻之，自秦郡驰还，谓景曰：『主上先帝太子，既无愆失，何得废之！』景曰：『王伟劝吾，云「早除民望」。吾故从之以安天下。』元建曰：『吾挟天子令诸侯，犹惧不济；无故废之，乃所以自危，何安之有！』景欲迎帝复位，以栋为太孙。王伟曰：『废立大事，岂可数改邪！』乃止。

乙丑，景又使杀南海王大临于吴郡，南郡王大连于姑孰，安陆王大春于会稽，高唐王大壮于京口。以太子妃赐郭元建，元建曰：『岂有皇太子妃乃为人妾乎！』竟不与相见，听使入道。

丙寅，追尊昭明太子为昭明皇帝，豫章安王为安皇帝，金华敬妃为敬太皇太后，[6]豫章太妃王氏为皇太后，妃张氏为皇后。以刘神茂为司空。

九月，癸巳，齐主如赵、定二州，遂如晋阳。

己亥，湘东王绎以尚书令王僧辩为江州刺史，江州刺史陈霸先为东扬州刺史。

王伟说侯景弑太宗以绝众心，景从之。冬，十月，壬寅夜，伟与左卫将军彭隽、王修纂进酒于太宗曰：『丞相以陛下幽忧既久，使臣等来上寿。』太宗笑曰：『已禅帝位，何得言陛下！此寿酒，将不尽此乎！』于是隽等赍曲项琵琶，与太宗极饮。太宗知将见杀，因尽醉，曰：『不图为乐之至于斯也！』既醉而寝。伟乃出，隽进土囊，修纂坐其上而殂。伟撤户扉为棺，迁殡于城北酒库中。太宗自幽縶之后，无复侍者及纸，乃书壁及板障，为诗及文数百篇，辞甚凄怆。景谥曰明皇帝，庙号高宗。

侯景之逼江陵也，湘东王绎求援于魏，命梁、秦二州刺史宜丰侯循以南郑与魏，召循还江陵。循以无故输城，非忠臣之节，报曰：『请待改命。』魏太师泰遣大将军达奚武将兵三万取汉中，又遣大将军王雄出子午谷，[7]攻上津。[8]循遣记室参军沛人刘璠求援于武陵王纪，纪遣潼州刺史杨乾运救之。循，恢之子也。

王僧辩等闻太宗殂，丙辰，启湘东王绎，请上尊号；绎弗许。

【注释】①西昌：在今江西泰和县。②铁勒：我国古时北方民族名。③郭默城：在今江西九江市东北部。④巴丘：在今江西峡江县。⑤萧欢：南明梁昭明太子萧统长子，字孟孙。初封华容公，武帝废嫡立庶，朝野不平，因改封为豫章郡王，以慰其心，位至云麾将军，江州刺史。⑥金华敬妃：南明梁昭明太子萧统正妃，姓蔡氏，昭明太子卒后，武帝为妃别立金华宫，供侍如旧，去世后，谥曰敬，故称金华敬妃。⑦子午谷：在今陕西长安县。⑧上津：在今湖北陨西县西北。

司空、东道行台刘神茂闻侯景自巴丘败还，阴谋叛景，吴中士大夫咸劝之；乃与仪同三司尹思合、刘归义、王晔、云麾将军元頵等据东阳以应江陵，[1]遣頵及别将李占下据建德江口。张彪攻永嘉，克之。新安民程灵洗起兵据郡以应神茂。于是浙江以东皆附江陵。湘东王绎以灵洗为谯州刺史，领新安太守。

十一月，乙亥，王僧辩等复上表劝进，湘东王绎不许。戊寅，绎以湘州刺史安南侯方矩为中卫将军以自副。方矩，方诸之弟也。以南平王恪为湘州刺史。

侯景以赵伯超为东道行台，据钱塘；以田迁为军司，据富春；以李庆绪为中军都督，谢答仁为右厢都督，李遵为左厢都督，以讨刘神茂。

己卯，加侯景九锡，汉国置丞相以下官。己丑，豫章王栋禅位于景，景即皇帝位于南郊。还，登太极殿，其党数万，皆吹唇呼噪而上。大赦，改元太始。封栋为淮阴王，并其二弟桥、樛同锁于密室。

王伟请立七庙，景曰：「何谓七庙？」伟曰：「天子祭七世祖考。」并请七世讳，景曰：「前世吾不复记，唯记我父名标；且彼在朔州，那得来啖此！」众咸笑之。景党有知景祖名乙羽周者；自外皆王伟制其名位，追尊父标为元皇帝。

景之作相也，以西州为府，文武无尊卑皆引接，及居禁中，非故旧不得见，由是诸将多怨望。景好独乘小马，弹射飞鸟，王伟每禁止之，不许轻出。景郁郁不乐，更成失志，曰：「吾无事为帝，与受摈不殊。」

壬辰，湘东王以长沙王韶为郢州刺史。

益州长史刘孝胜等劝武陵王纪称帝，纪虽未许，而大造乘舆车服。

十二月，丁未，谢答仁、李庆绪攻建德，[2]擒元頵、李占送建康，景截其手足以徇，经日乃死。

齐主每出入，常以中山王自随，王妃太原公主恒为之尝饮食，[3]护视之。是月，齐主饮公主酒，使人鸩中山王，杀之，并其三子，谥王曰魏孝静皇帝，葬于邺西漳北。其后齐主忽掘其陵，投梓宫于漳水。齐主初受禅，魏神主悉寄于七帝寺，至是，亦取焚之。

彭城公元韶以高氏婿，宠遇异于诸元。开府仪同三司美阳公元晖业以位望隆重，又志气不伦，尤为齐主所忌，从齐主在晋阳。晖业于宫门外骂韶曰：「尔不及一老妪，负玺与人。何不击碎之！我出此言，知即死，尔亦讵得几时！」齐主闻而杀之，及临淮公元孝友，皆凿汾水冰，沉其尸。孝友，彧之弟也。齐主尝剃元韶鬓须，加之粉黛以自随，曰：「吾以彭城为嫔御。」言其懦弱如妇人也。

【注释】

①东阳：即今浙江金华市。②建德：在今浙江金华市。③太原公主：北齐献武王高欢之第二女，与高洋为兄妹情分，故高洋杀孝静帝必先醉其妹。

陈纪

高祖武皇帝①

永定元年② 春，正月，辛丑，周公即天王位，③柴燎告天，朝百官于露门；④追尊王考文公为文王，妣为文后；大赦。封魏恭帝为宋公。以木德承魏水，行夏之时，服色尚黑。以李弼为太师，赵贵为太傅、大冢宰，独孤信为太保、大宗伯，中山公护为大司马。

诏以王琳为司空、骠骑大将军，以尚书右仆射王通为左仆射。

周王祀圜丘，自谓先世出于神农，以神农配二丘，⑤始祖献侯配南北郊，文王配明堂，庙号太祖。癸卯，祀方丘。甲辰，祭大社。除市门税。⑥乙巳，享太庙，仍用郑玄义，立太祖与二昭、二穆为五庙，其有德者别为祧庙，⑦不毁。辛亥，祀南郊。壬子，立王后元氏。后，魏文帝之女晋安公主也。

齐南安城主冯显请降于周，⑧周柱国⑨宇文贵使丰州⑩刺史太原郭彦将兵迎之，遂据南安。

吐谷浑为寇于周，攻凉、鄯、河三州。⑪秦州⑫都督遣渭州⑬刺史于翼赴援，翼不从。僚属咸以为言，翼曰：『攻取之术，非夷俗所长。此寇之来，不过抄掠边牧耳。掠而无获，势将自走。劳师以往，必无所及。翼揣之已了，幸勿复言。』数日，问至，果如翼所策。

初，梁世祖以始兴郡为东衡州，⑭以欧阳頠为刺史。⑮久之，徙頠为郢州刺史，⑯萧勃留頠不遣。世祖以王琳代勃为广州刺史，勃遣其将孙荡监广州，尽帅所部屯始兴以避之。頠别据一城，不往谒，闭门自守。勃怒，遣兵袭之，尽取其货财马仗；寻赦之，使复其所，与之结盟。江陵陷，頠遂事勃。二月，庚午，勃起兵于广州，遣頠及其将傅泰、萧孜为前军。孜，勃之从子也。南江州刺史余孝顷以兵会之。⑰诏平西将军周文育帅诸军讨之。

【注释】

①高祖武皇帝：即陈霸先，南朝陈建立者。②永定元年（公元557年）：是年十月陈霸先受禅，始改元永定。③周公：即宇文觉，宇文泰第三子。公元556年嗣父爵，任太师、大冢宰，封周公。次年，代西魏称天王，建国号为周，史称北周。④露门：即路门，宫室最内的正门。⑤二丘：指圜丘、方丘。祭天、祭地之所。⑥市门税：魏末国用不足，入市门者每人交税一钱。⑦祧庙：祖庙。⑧南安：在今河南叶县南。⑨柱国：北周最高武官。⑩丰州：治所在今湖北均县。

⑪凉、鄯、河三州：凉州，在今甘肃武威县。鄯州，在今青海乐都县。河州，在今甘肃临夏县。⑫秦州：在今甘肃天水市。⑬渭州：治所在今甘肃陇西县东南。⑭始兴郡：在今广东韶关市南。⑮欧阳頠：人名。至陈，官至广州刺史，进号征南将军。⑯郢州：在今湖北武昌。⑰南江州：在今江西奉新县西。

癸酉，周王朝日于东郊；戊寅，祭太社。

周楚公赵贵、卫公独孤信故皆与太祖等夷，及晋公护专政，皆怏怏不服。贵谋杀护，信止之；开府仪同三司宇文盛告之。丁亥，贵入朝，护执而杀之，免信官。

领军将军[1]徐度出东关[2]侵齐，戊子，至合肥，烧齐船三千艘。

欧阳頠等出南康。[3]頠屯豫章[4]之苦竹滩，[5]傅泰据蹠口城，余孝顷遣其弟孝励守郡城，[6]自出豫章据石头。[7]巴山[8]太守熊昙朗诱頠共袭高州[9]刺史黄法氍；又语法氍，约共破頠，且曰：『事捷，与我马仗。』遂出军，与頠俱进。至法氍城下，昙朗阳败走，法氍乘之，頠失援而走，昙朗取其马仗，归于巴山。

周文育军少船，余孝顷有船在上牢，[10]文育遣军主焦僧度袭之，尽取以归，仍于豫章立栅。军中食尽，诸将欲退。文育不许，使人间行遗周迪书，约为兄弟。迪得书甚喜，许馈以粮。于是文育分遣老弱乘故船沿流俱下，烧豫章栅，伪若遁去者。孝顷望之，大喜，不复设备。文育由间道兼行，据芊韶。[11]芊韶上流则欧阳頠、萧孜，下流则傅泰、余孝顷营，文育据其中间，筑城飨士，頠等大骇。頠退入泥溪，[12]文育遣严威将军周铁虎等袭頠，癸巳，擒之。文育盛陈兵甲，与頠乘舟而宴，巡蹠口城下，使其将丁法洪攻泰，擒之，孜、孝顷退走。

甲午，周以于谨为太傅，大宗伯侯莫陈崇为太保，晋公护为大冢宰，柱国武川贺兰祥为大司马，[13]高阳公达奚武为大司寇。

周人杀魏恭帝。

三月，庚子，周文育送欧阳頠、傅泰于建康。丞相霸先与頠有旧，释而厚待之。

周晋公护以赵景公独孤信名重，不欲显诛之，己酉，逼令自杀。

甲辰，以司空王琳为湘、郢二州刺史。

曲江侯勃在南康，闻欧阳頠等败，军中颇惧。甲寅，德州刺史陈法武、前衡州刺史谭世远攻勃，[14]杀之。

【注释】

①领军将军：南北朝时军事长官之一，与护军将军或中护军同掌中央军队。②东关：即今安徽巢县东南东关。③南康：在今江西赣州市东北。④豫章：在今江西南昌市。⑤苦竹滩：在今江西丰城县西北。⑥蹠口城：在今江西丰城县东北赣江东岸。⑦石头：即石头渚，在今江西南昌市西北赣江西岸。⑧巴山：在今江西崇仁县西南。⑨高州：在今江西崇仁县西南。⑩上牢：在今江西奉新县东北。⑪芊韶：在今江西丰城县东北赣江东岸。⑫泥溪：在今江西新干县西南。⑬武川：在今河南南召县东南。⑭德州：在九德县（今越南义安省菜市）。

夏，四月，己卯，铸四柱钱，一当二十。

齐遣使请和。

壬午，周王谒成陵；[1]乙酉，还宫。

齐以太师斛律金为右丞相，前大将军可朱浑道元为太傅，开府仪同三司贺拔仁为太保，尚书令常山王演为司空，录尚书事长广王湛为尚书令，右仆射杨愔为左仆射，仍加开府仪同三司。并省尚书右仆射崔暹为左仆射，[2]主党王涣录尚书事。

丁亥，周王享太庙。

壬辰，改四柱钱一当十；丙申，复闭细钱。[3]

故曲江侯勃主帅兰敳袭杀谭世远，军主夏侯明彻杀敳，持勃首降。勃故记室李贺藏奉怀安侯任据广州。[4]萧孜、余孝顷犹据石头，为两城，各居其一，多设船舰，夹水而陈。丞相霸先遣平南将军侯安都助周文育击之。戊戌，安都潜师夜烧其船舰，文育帅水军、安都帅步骑进攻之；萧孜出降，孝顷逃归新吴，[5]文育等引兵还。丞相霸先以欧阳頠声著南土，复以頠为衡州刺史，[6]使讨岭南。未至，其子纥已克始兴，頠至岭南，诸郡皆降，遂克广州，岭南悉平。

周仪同三司齐轨谓御正中大夫薛善曰[7]：『军国之政，当归天子，何得犹在权门！』善以告晋公护，护杀之，以善为中外府司马。

五月，戊辰，余孝顷遣使诣丞相府乞降。

王琳既不就征，大治舟舰，将攻陈霸先；六月，戊寅，霸先以开府仪同三司侯安都为西道都督，周文育为南道都督，将舟师二万会武昌以击之。

秋，七月，辛亥，周王享太庙。

河南、北大蝗。齐主问于魏郡丞崔叔瓒曰：『何故致蝗？』对曰：『《五行志》：土功不时，蝗虫为灾。今外筑长城，内兴三台，殆以此乎！』齐主大怒，使左右殴之，擢其发，以溷沃其头，曳足以出。叔瓒，季舒之兄也。

【注释】①成陵：周太祖陵。②并省：东魏时高欢居晋阳，并州有行台尚书令、仆射等官。其子高洋代东魏称齐帝，遂以并州行台为并省，位亚于邺省。③细钱：民间私铸钱。④怀安侯任：即萧任，萧勃之子，封怀安侯。⑤新吴：东汉置县，在今江西奉新县西。⑥衡州：在今广东英德县西北浛洸。⑦御正中大夫：属大冢宰，五品。

八月，丁卯，周人归梁世祖之柩及诸将家属千馀人于王琳。

戊辰，周王祭太社。

甲午，进丞相霸先位太傅，加黄钺、殊礼，[1]赞拜不名。九月，辛丑，进丞相为相国，总百揆，封陈公，备九锡，[2]陈国置百司。

周孝愍帝性刚果，恶晋公护之专权。司会[3]李植自太祖时为相府司录，[4]参掌朝政，军司马孙恒亦久居权要，[5]及护执政，植、恒恐不见容，乃与宫伯乙弗凤、贺拔提等共谮之于周王。[6]植、恒曰：『护自诛赵贵以来，威权日盛，谋臣宿将，争往附之，大小之政，皆决于护。以臣观之，将不守臣节，愿陛下早图之！』王以为然。凤、提曰：『以先王之明，犹委植、恒以朝政，今以事付二人，何患不成！且护常自比周公，臣闻周公摄政七年，陛下安能七年邑邑如此乎！』王愈信之，数引武士于后园讲习，为执缚之势。植等又引宫伯张光洛同谋，光洛以告护。护乃出植为梁州刺史，[7]恒为潼州刺史，[8]欲散其谋。后王思植等，每欲召之，护泣谏曰：『天下至亲，无过兄弟，若兄弟尚相疑，它人谁可信者！太祖以陛下富于春秋，属臣后事，臣情兼家国，实愿竭其股肱。若陛下亲鉴万机，威加四海，臣死之日，犹生之年。但恐除臣之后，奸回得志，非唯不利陛下，亦将倾覆社稷，使臣无面目见太祖于九泉。且臣既为天子之兄，位至宰相，尚复何求！愿陛下勿信谗臣之言，疏弃骨肉。』王乃止不召，而心犹疑之。

凤等益惧，密谋滋甚，刻日召群公入宴，因执护诛之；张光洛又以告护。护乃召柱国贺兰祥、领军尉迟纲等谋之，祥等劝护废立。时纲总领禁兵，护遣纲入宫召凤等议事，及至，以次执送护第，因罢散宿卫兵。王方悟，独在内殿，令宫人执兵自守。护遣贺兰祥逼王逊位，幽于旧第。悉召公卿公议，废王为略阳公，迎立岐州[9]刺史宁都公毓。[10]公卿皆曰：『此公之家事，敢不唯命是听！』乃斩凤等于门外，孙恒亦伏诛。

时李植父柱国大将军远镇弘农，[11]护召远及植还朝，远疑有变，沈吟久之，乃曰：『大丈夫宁为忠鬼，安可作叛臣邪！』遂就征。既至长安，护以远功名素重，犹欲全之。引与相见，谓之曰：『公儿遂有异谋，非止屠戮护身，乃是倾危宗社。叛臣贼子，理宜同疾，公可早为之所。』乃以植付远。远素爱植，植又口辩，自陈初无此谋。远谓为信然，诘朝，将植谒护。护谓植已死，左右白植亦在门。护大怒曰：『阳平公不信我！』[12]乃召入，仍命远同坐，令略阳公与植相质于远前。植辞穷，谓略阳公曰：『本为此谋，欲安社稷，利至尊耳！今日至此，何事云云！』远闻之，自投于床曰：『若尔，诚合万死。』于是护乃害植，并逼远令自杀。植弟叔诣、叔谦、叔让亦死，馀子以幼得免。初，远弟开府仪同三司穆知植非保家之主，每劝远除之，远不能用。及远临刑，泣谓穆曰：『吾不用汝言，以至此！』穆当从坐，以前言获免，除名为民，及其子弟亦免官。植弟淅州刺史基，[13]尚义归公主，[14]当从坐，穆请以二子代基命，护两释之。

后月馀，护弑略阳公，黜王后元氏为尼。

癸亥，宁都公自岐州至长安，甲子，即天王位，大赦。

【注释】

①黄钺：以黄金为饰之斧。人臣得此，得代表天子主征伐。②九锡：古代帝王赐给有功或有权势的诸侯大臣的九种物品，如衣服、车马、弓矢、斧钺等。③司会：官名。《周礼》天官之属。主管财政经济。④相府司录：官名。总录相府之机务。⑤军司马：官名。⑥宫伯：官名。《周礼》天官之属有宫伯，掌管卿大夫士有名籍的子弟的任用、俸禄和奖惩。北周的宫伯中大夫，五命。⑦梁州：在今陕西汉中市东。⑧潼州：在今四川绵阳县东。⑨岐州：在今

陕西凤翔县东南义坞堡。⑩宁都公毓：即宇文毓，小名统万突，宇文泰长子，后即位为北周明帝。⑪弘农：在今河南灵宝县东北故函谷关城。⑫阳平公：李远封阳平公。⑬淅州：在今河南西峡县北。⑭义归公主：宇文泰之女。

冬，十月，戊辰，进陈公爵为王。辛未，梁敬帝禅位于陈。

癸酉，周魏武公李弼卒。

陈王使中书舍人刘师知引宣猛将军沈恪勒兵入宫，①卫送梁主如别宫，恪排闼见王，②叩头谢曰：『恪身经事萧氏，今日不忍见此。分受死耳，决不奉命！』王嘉其意，不复逼，更以荡主王僧志代之。③乙亥，王即皇帝位于南郊，还宫，大赦，改元。奉梁敬帝为江阴王，梁太后为太妃，皇后为妃。

以给事黄门侍郎蔡景历为秘书监、④中书通事舍人。是时政事皆由中书省，⑤置二十一局，各当尚书诸曹，总国机要，尚书唯听受而已。

丙子，上幸钟山，祠蒋帝庙。庚辰，上出佛牙于杜姥宅，设无遮大会，⑥帝亲出阙前膜拜。⑦

辛巳，追尊皇考文赞为景皇帝，庙号太祖，皇妣董氏曰安皇后，追立前夫人钱氏为昭皇后，世子克为孝怀太子，立夫人章氏为皇后。章后，乌程人也。⑧

置删定郎，治律令。

乙酉，周王祀圜丘；丙戌，祀方丘；甲午，祭太社。

戊子，太祖神主祔太庙，七庙始共用一太牢，始祖荐首，馀皆骨体。

侯安都至武昌，王琳将樊猛弃城走，周文育自豫章会之。安都闻上受禅，叹曰：『吾今兹必败，战无名矣！』时两将俱行，不相统摄，部下交争，稍不相平。军至郢州，琳将潘纯陀于城中遥射官军，安都怒，进军围之；未克，而王琳至弇口，⑨安都乃释郢州，悉众诣沌口，⑩留沈泰一军守汉曲。⑪安都遇风不得进，琳据东岸，安都等据西岸，相持数日，乃合战，安都等大败。安都、文育及裨将徐敬成、周铁虎、程灵洗皆为琳所擒，沈泰引兵奔归。琳引见诸将与语，周铁虎辞气不屈，琳杀铁虎而囚安都等，总以一长锁系之，置琳所坐艒下，令所亲宦者王子晋掌视之。琳乃移湘州⑫军府就郢城，⑬又遣其将樊猛袭据江州。

【注释】

①中书舍人：曹魏于中书省置中书通事舍人，掌传宣诏命。晋及南朝历代沿置。至梁除通事二字，直称中书舍人，任起草诏令之职，参与机密，权力日重。②闼：门。③荡主：别帅，副将。④秘书监：官名。东汉始置秘书监一官，典司图籍。至南北朝为秘书省之长官，掌图书著作等事。⑤中书省：官署名。为秉承君主意旨、掌管机要、发布政令的机构。⑥无遮大会：佛教举行的一种以布施为中心的法会，梵语般阇于瑟。华言解免。每五年举行一次，故也称般遮大会或五年大会。⑦膜拜：合掌加额，伏地跪拜。⑧乌程：县名。在今浙江吴兴县。⑨弇口：在今湖北武昌县西，即弇水（今名咸河、金河）入长江之口。⑩沌口：在今湖北武汉市汉阳西南。⑪汉曲：今武汉市汉阳县附近。⑫湘州：在今湖北大悟县东北。⑬郢城：即郢州城，今武汉市武昌。

十一月，丙申，上立兄子茜为临川王，顼为始兴王；弟子昙朗已死，而上未知，遥立为南康王。

庚子，周王享太庙；丁未，祀圜丘；十二月，庚午，谒成陵；癸酉，还宫。

谯淹帅水军七千、老弱三万自蜀江东下，欲就王琳，周使开府仪同三司贺若敦、叱罗晖等击之，斩淹，悉俘其众。

是岁，诏给事黄门侍郎萧乾招谕闽中。时熊昙朗在豫章，周迪在临川，留异在东阳，①陈宝应在晋安，②共相连结，闽中豪帅往往立砦以自保。上患之，使乾谕以祸福，豪帅皆帅众请降，即以乾为建安太守。③乾，子范之子也。④

初，梁兴州刺史席固以州降魏，⑤周太祖以固为丰州刺史。久之，固犹习梁法，不遵北方制度，周人密欲代之，而难其人，乃以司宪中大夫令狐整权镇丰州，⑥委以代固之略。整广布恩威，倾身抚接，数月之间，化洽州府。于是除整丰州刺史，⑦以固为湖州刺史。整迁丰州于武当，⑧旬日之间，城府周备，迁者如归。固之去也，其部曲多愿留为整左右，整谕以朝制，弗许，莫不流涕而去。

齐人于长城内筑重城，自库洛枝⑨东至呜纥戍，⑩凡四百馀里。

初，齐有术士言『亡高者黑衣』，故高祖每出，⑪不欲见沙门。显祖⑫在晋阳，⑬问左右：『何物最黑？』对曰：『无过于漆。』帝以上党王涣于兄弟第七，使库直都督破六韩伯升之邺征涣。涣至紫陌桥，⑭杀伯升而逃，浮河南渡；至济州，⑮为人所执，送邺。

帝之为太原公也，与永安王浚偕[16]见世宗，[17]帝有时洟出，浚责帝左右曰：『何不为二兄拭鼻！』帝心衔之。及即位，浚为青州刺史，[18]聪明矜恕，吏民悦之。浚以帝嗜酒，私谓亲近曰：『二兄因酒败德，朝臣无敢谏者。大敌未灭，吾甚以为忧。欲乘驿至邺面谏，不知用吾不？』或密以白帝，帝益衔之。浚入朝，从幸东山，帝裸裎为乐。浚进谏曰：『此非人主所宜！』帝不悦。浚又于屏处召杨愔，讥其不谏。帝时不欲大臣与诸王交通，愔惧，奏之。帝大怒曰：『小人由来难忍！』遂罢酒，还宫。浚寻还州，又上书切谏，诏征浚。浚惧祸，谢疾不至，帝遣驰驿收浚，老幼泣送者数千人，至邺，与上党王涣皆盛以铁笼，置于北城地牢，饮食溲秽，共在一所。

【注释】

①东阳：在今浙江金华县。②晋安：在今福建福州市。③建安：在今福建建瓯县。④子范：萧子范，齐豫章王萧嶷之子。⑤兴州：在今越南永富省白鹤县南凤州。⑥司宪中大夫：北周秋官置司宪中大夫二人，掌丞司寇之法，相当于御史中丞之职。⑦湖州：在今河南唐河县西南湖阳镇。⑧武当：在今湖北均县西北。⑨库洛枝：在今山西偏关县东北境。⑩鸣纥戍：今山西繁峙县东北境。⑪高祖：齐高祖高欢。⑫显祖：即齐显祖高洋，高欢第二子。⑬晋阳：今山西太原市。⑭紫陌桥：在今临漳县西。⑮济州：在今山东茌平县西南碻磝城。⑯永安王浚：即高浚，高欢第三子。⑰世宗：即高澄，高洋与高浚之长兄。⑱青州：在今四川眉山县。

二年 春，正月，王琳引兵下，至湓城，屯于白水浦，[1]带甲十万。琳以北江州刺史鲁悉达为镇北将军，上亦以悉达为征西将军，各送鼓吹女乐。[2]悉达两受之，迁延顾望，皆不就；上遣安西将军沈泰袭之，不克。琳欲引军东下，而悉达制其中流，琳遣使说诱，终不从。己亥，琳遣记室宗虩求援于齐，[3]且请纳梁永嘉王庄以主梁祀。[4]衡州刺史周迪欲自据南川，乃总召所部八郡守宰结盟，齐言入赴。上恐其为变，厚慰抚之。

新吴洞主余孝顷遣沙门道林说琳曰：『周迪、黄法氍皆依附金陵，阴窥间隙，大军若下，必为后患；不如先定南川，然后东下，孝顷请席卷所部以从下吏。』琳乃遣轻车将军樊猛、平南将军李孝钦、平东将军刘广德将兵八千赴之，使孝顷总督三将，屯于临川故郡，征兵粮于迪，以观其所为。

以开府仪同三司侯瑱为司空，衡州刺史欧阳頠为都督交、广等十九州诸军事、广州刺史。

周以晋公护为太师。

辛丑，上祀南郊，大赦；乙巳，祀北郊。

辛亥，周王耕藉田。

癸丑，周立王后独孤氏。

戊午，上礼明堂。

二月，壬申，南豫州刺史沈泰奔齐。

齐北豫州刺史司马消难，以齐主昏虐滋甚，阴为自全之计，曲意抚循所部。消难尚高祖女，情好不睦，公主诉之。上党王涣之亡也，邺中大扰，疑其赴成皋。⑤消难从弟子瑞为尚书左丞，与御史中丞毕义云有隙，义云遣御史张子阶诣北豫州采风闻，先禁消难典签家客等。⑥消难惧，密令所亲中兵参军裴藻托以私假，间行入关，请降于周。

三月，甲午，周遣柱国达奚武、大将军杨忠帅骑士五千迎消难，从间道驰入齐境五百里，前后三遣使报消难，皆不报。去虎牢三十里，⑦武疑有变，欲还，忠曰：『有进死，无退生！』独以千骑夜趣城下。城四面峭绝，但闻击柝声。⑧武亲来，麾数百骑西去，忠勒馀骑不动，俟门开而入，驰遣召武。齐镇城伏敬远勒甲士二千人据东城，举烽严警。武惮之，不欲保城，乃多取财物，以消难及其属先归，忠以三千骑为殿。至洛南，皆解鞍而卧。齐众来追，至洛北，忠谓将士曰：『但饱食，今在死地，贼必不敢渡水！』已而果然，乃徐引还。武叹曰：『达奚武自谓天下健儿，今日服矣！』周以消难为小司徒。⑨

丁酉，齐主自晋阳还邺。

齐发兵援送梁永嘉王庄于江南，册拜王琳为梁丞相、都督中外诸军、录尚书事。琳遣兄子叔宝帅所部十州刺史子弟赴邺。琳奉庄即皇帝位，改元天启。追谥建安公渊明曰闵皇帝。庄以琳为侍中、大将军、中书监，馀依齐朝之命。

【注释】

①白水浦：在今九江市西。②鼓吹：乐名。③记室：官名，诸王、三公及大将军幕府均置。虢。④永嘉王庄：即萧庄，梁元帝萧绎之孙，梁敬帝萧方智之子。⑤成皋：北豫州治所。⑥典签：官名。⑦虎牢：关隘名。在今河南荥阳县西北汜水镇。⑧柝：巡夜打更用的梆子。⑨小司徒：官名：《周礼》地官之属，为大司徒的副职。北周地官小司徒，

上大夫，六命。

夏，四月，甲子，上享太庙。

乙丑，上使人害梁敬帝，立梁武林侯谘之子季卿为江阴王。

己巳，周以太师护为雍州牧。

甲戌，周王后独孤氏殂。

辛巳，齐大赦。

齐主以旱祈雨于西门豹祠，不应，毁之，并掘其冢。

五月，癸巳，余孝顷等且二万军于工塘，①连八城以逼周迪。迪惧，请和，并送兵粮。樊猛等欲受盟而还；孝顷贪其利，不许，树栅围之。由是猛等与孝顷不协。

周以大司空侯莫陈崇为大宗伯。

癸丑，齐广陵南城主张显和、长史张僧那各帅所部来降。②

辛酉，齐以尚书令长广王湛录尚书事，骠骑大将军平秦王归彦为尚书左仆射。甲辰，以前左仆射杨愔为尚书令。

辛酉，上幸大庄严寺舍身；③壬戌，群臣表请还宫。

六月，乙丑，齐主北巡，以太子殷监国，因立大都督府与尚书省分理众务，仍开府置佐。齐主特崇其选，以赵郡王叡为侍中、摄大都督府长史。

己巳，诏司空侯瑱与领军将军徐度帅舟师为前军，以讨王琳。

齐主至祁连池；④戊寅，还晋阳。

秋，七月，戊戌，上幸石头，送侯瑱等。

高州⑤刺史黄法氍毛、吴兴⑥太守沈恪、宁州⑦刺史周敷合兵救周迪。敷自临川故郡断江口，分兵攻余孝顷别城。樊猛等不救而没；刘广德乘流先下，故获全。孝顷等皆弃舟引兵步走，迪追击，尽擒之，送孝顷及李孝钦于建康，归樊猛于王琳。

甲辰，上遣吏部尚书谢哲往谕王琳。哲，朏之孙也。[8]

八月，甲子，周大赦。

乙丑，齐主还邺。

辛未，诏临川王茜西讨，以舟师五万发建康，上幸冶城寺送之。

甲戌，齐主如晋阳。

王琳在白水浦，周文育、侯安都、徐敬成许王子晋以厚赂，子晋乃伪以小船依䑽而钓。夜，载之上岸，入深草中，步投陈军，还建康自劾。上引见，并宥之，戊寅，复其本官。

谢哲返命，王琳请还湘州，诏追众军还。癸未，众军至自大雷。[9]

【注释】①工塘：城名。在今江西临川县东南。②长史：官名。③舍身：佛教徒为宣扬佛法，或为布施，自加苦行，称为舍身。④祁连池：在今山西宁武县西南管涔山上。⑤高州：在今江西崇仁县西南。⑥吴兴：在今浙江吴兴县南下菰城。⑦宁州：在今江西临川县西。⑧朏：谢朏，谢庄之子，历仕宋、齐、梁三朝。⑨大雷：大雷戍。即今安徽望江县治。

九月，甲申，周封少师元罗为韩国公以绍魏后。

丁未，周王如同州；[1]冬，十月，辛酉，还长安。

余孝顷之弟孝励及子公扬犹据旧栅不下；庚午，诏开府仪同三司周文育都督众军出豫章讨之。

齐三台成，[2]更命铜爵曰金凤，金虎曰圣应，冰井曰崇光。十一月，甲午，齐主至邺，大赦。齐主游三台，戏以槊刺都督尉子辉，应手而毙。

常山王演以帝沈湎，[3]忧愤形于颜色。帝觉之，谓曰：『但令汝在，我何为不纵乐！』演唯啼泣拜伏，竟无所言。帝亦大悲，抵杯于地曰[4]：『汝似嫌我如是，自今敢进酒者斩之！』因取所御杯尽坏弃。未几，沉湎益甚，或于诸贵戚家角力批拉，不限贵贱。唯演至，则内外肃然。演又密撰事条，将谏，其友王晞以为不可。[5]演不从，因间极言，遂逢大怒。演性颇严，尚书郎中剖断有失，辄加捶楚，令史奸慝即考竟。帝乃立演于前，以刀镮拟胁，召被演罚者，临以白刃，求演之短；或无所陈，乃释之。晞，昕之弟也。帝疑演假辞于晞以谏，欲杀之。王私谓晞曰：『王博士，明日当作一条事，为欲相活，亦图自全，宜深体勿怪。』乃于众中杖晞二十。帝寻发怒，闻晞得杖，以故不杀，髡⑥鞭配甲坊。⑦居三年，演又因谏争，大被殴挞，闭口不食。太后日夜涕泣，帝不知所为，曰：『倘小儿死，奈我老母何！』于是数往问演疾，谓曰：『努力强食，当以王晞还汝。』乃释晞，令诣演。演抱晞曰：『吾气息惙然，恐不复相见！』晞流涕曰：『天道神明，岂令殿下遂毙此舍！至尊亲为人兄，尊为人主，安可与计！殿下不食，太后亦不食。殿下纵不自惜，独不念太后乎！』言未卒，演强坐而饭。晞由是得免徙，还为王友。及演录尚书事，除官者皆诣演谢，去必辞。晞言于演曰：『受爵天朝，拜恩私第，自古以为不可，宜一切约绝。』演从之。久之，演从容谓晞曰：『主上起居不恒，卿宜耳目所具，吾岂可以前逢一怒，遂尔结舌。卿宜为撰谏草，吾当伺便极谏。』晞遂条十馀事以呈，因谓演曰：『今朝廷所恃者惟殿下，乃欲学匹夫耿介，轻一朝之命！狂药令人不自觉，刀箭岂复识亲疏。一旦祸出理外，将奈殿下家业何！奈皇太后何！』演欷歔不自胜，曰：『乃至是乎！』明日，见晞曰：『吾长夜久思，今遂息意。』即命火，对晞焚之。后复承间苦谏，帝使力士反接，拔白刃注颈，骂曰：『小子何知，是谁教汝？』演曰：『天下噤口，非臣谁敢有言！』帝趣杖，乱捶之数十；会醉卧，得解。帝亵黩之游，遍于宗戚，所往留连；唯至常山第，多无适而去。尚书左仆射崔暹屡谏，演谓暹曰：『今太后不敢致言，吾兄弟杜口，仆射独能犯颜，内外深相愧感。』

太子殷，自幼温裕开朗，礼士好学，关览时政，甚有美名。帝尝嫌太子『得汉家性质，⑧不似我』，欲废之。帝登金凤台，召太子，使手刃囚，太子恻然有难色，再三，不断其首。帝大怒，亲以马鞭撞之，太子由是气悸语吃，精神昏扰。帝因酣宴，屡云：『太子性懦，社稷事重，终当传位常山。』太子少傅魏收谓杨愔曰：『太子，国之根本，不可动摇。至尊三爵之后，每言传位常山，令臣下疑贰。若其实也，当决行之。此言非所以为戏，恐徒使国家不安。』愔以收言白帝，帝乃止。

帝既残忍，有司讯囚，莫不严酷，或烧犁耳，使立其上，或烧车釭，⑨使以臂贯之，既不胜苦，皆至诬伏。唯三公郎中⑩武强⑪苏琼，历职中外，所至皆以宽平为治。时赵州⑫及清河⑬屡有人告谋反者，前后皆付琼推检，事多申雪。

尚书崔昂谓琼曰：『若欲立功名，当更思馀理；数雪反逆，身命何轻！』琼正色曰：『所雪者冤枉耳，不纵反逆也。』昂大惭。

帝怒临漳令稽晔、舍人李文师，以赐臣下为奴。中书侍郎彭城郑颐私诱祠部尚书王昕曰：『自古无朝士为奴者。』昕曰：『箕子为之奴。』颐以白帝曰：『王元景比陛下于纣。』帝衔之。顷之，帝与朝臣酣饮，昕称疾不至，帝遣骑执之，见方摇膝吟咏，遂斩于殿前，投尸漳水。

齐主北筑长城，南助萧庄，士马死者以数十万。重以修筑台殿，赐与无节，府藏之积，不足以供，乃减百官之禄，撤军人常廪，并省州郡县镇戍之职，以节费用焉。

【注释】①同州：今陕西大荔县。②三台：东汉建安十五年（公元210年），曹操在邺城西北修三台，中曰铜雀台，南曰金虎台，北曰冰井台。北齐重修，改名。③常山王演：即高演，高欢第六子，齐文宣帝高洋同母弟。④抵：投掷。⑤友：王府僚属有师有友。⑥髡：古代一种剃去头发的刑罚。⑦甲坊：制作甲杖之坊。⑧汉家：鲜卑族称中原汉人为汉家。⑨釭：车毂内外口的铁圈，用以穿轴。⑩三公郎中：官名。北齐三公郎中属殿中尚书，掌五时读时令、诸曹囚账、断罪、赦日建金鸡等事。⑪武强：在今河北武强县（小范）西南。⑫赵州：在今河北隆尧县东。⑬清河：在今河北清河西北。

十二月，庚寅，齐以可朱浑道元为太师，尉粲为太尉，冀州刺史段韶为司空，常山王演为大司马，长广王湛为司徒。

壬午，周大赦。

齐主如北城，因视永安简平王浚、上党刚肃王涣于地牢。帝临穴讴歌，令浚等和之，浚等惶怖且悲，不觉声颤；帝怆然，为之下泣，将赦之。长广王湛素与浚不睦，进曰：『猛虎安可出穴！』帝默然。浚等闻之，呼湛小字曰：『步落稽，皇天见汝！』帝亦以浚与涣皆有雄略，恐为后害，乃自刺涣，又使壮士刘桃枝就笼乱刺。槊每下，浚、涣辄以手拉折之，号哭呼天。于是薪火乱投，烧杀之，填以土石。后出之，皮发皆尽，尸色如炭，远近为之痛愤。帝以仪同三司刘郁捷杀浚，以浚妃陆氏赐之；冯文洛杀涣，以涣妃李氏赐之，二人皆帝家旧奴也。陆氏寻以无宠于浚，得免。

高凉太守冯宝卒，[1]海隅扰乱。妻冼氏怀集部落，[2]数州晏然。其子仆，生九年，是岁，遣仆帅诸酋长入朝，诏以仆为阳春太守。[3]

后梁主遣其大将军王操将兵略取王琳之长沙、武陵、南平等郡。[4]

【注释】

①高凉：在今广东阳江县西。②冼氏：南朝、隋初岭南少数民族女首领。③阳春：在今广东阳春县。④南平：在今湖北公安县西。

隋纪

高祖文皇帝上之上①

开皇九年 春，正月，乙丑朔，陈主朝会群臣，大雾四塞，入人鼻，皆辛酸，陈主昏睡，至晡时乃寤。

是日，贺若弼自广陵引兵济江。②先是弼以老马多买陈船而匿之，买弊船五六十艘，置于渎内。陈人觇之，③以为内国无船。④弼又请缘江防人每交代之际，必集广陵，于是大列旗帜，营幕被野，陈人以为隋兵大至，急发兵为备，既知防人交代，其众复散；后以为常，不复设备。又使兵缘江时猎，人马喧噪。故弼之济江，陈人不觉。韩擒虎将五百人自横江⑤宵济采石，⑥守者皆醉，遂克之。晋王广帅大军屯六合镇⑦桃叶山。⑧

丙寅，采石戍主徐子建驰启告变；丁卯，召公卿入议军旅。戊辰，陈主下诏曰：『犬羊陵纵，侵窃郊畿，蜂虿有毒，⑨宜时扫定。朕当亲御六师，廓清八表，内外并可戒严。』以骠骑将军萧摩诃、护军将军樊毅、中领军鲁广达并为都督，⑩司空司马消难、湘州刺史施文庆并为大监军，遣南豫州刺史樊猛帅舟师出白下，⑪散骑常侍皋文奏将兵镇南豫州。重立赏格，僧、尼、道士，尽令执役。

庚午，贺若弼攻拔京口，⑫执南徐州刺史黄恪。弼军令严肃，秋毫不犯，有军士于民间酤酒者，弼立斩之。所俘获六千馀人，弼皆释之，给粮劳遣，付以敕书，令分道宣谕。于是所至风靡。

樊猛在建康，其子巡摄行南豫州事。辛未，韩擒虎进攻姑孰，半日，⑬拔之，执巡及其家口。皋文奏败还。江南父老素闻擒虎威信，来谒军门者昼夜不绝。

鲁广达之子世真在新蔡，⑭与其弟世雄及所部降于擒虎，遣使致书招广达。广达时屯建康，自劾，诣廷尉请罪；陈主慰劳之，加赐黄金，遣还营。樊猛与左卫将军蒋元逊将青龙八十艘于白下游弈，以御六合兵；陈主以猛妻子在隋军，惧有异志，欲使镇东大将军任忠代之，令萧摩诃徐谕猛，猛不悦，陈主重伤其意而止。

于是贺若弼自北道，韩擒虎自南道并进，缘江诸戍，望风尽走；弼分兵断曲阿之冲而入。⑮陈主命司徒豫章王叔英屯朝堂，萧摩诃屯乐游苑，樊毅屯耆暗寺，鲁广达屯白土冈，忠武将军孔范屯宝田寺。己卯，任忠自吴兴入赴，⑯仍屯朱雀门。

【注释】

①高祖文皇帝：即隋文帝杨坚（公元541～604年）。北周时，袭父爵为隋国公。其女为宣帝皇后。静帝年幼即位，他任丞相，总揽朝政，封隋王。大定元年（公元581年），杀静帝自立，建立隋朝。开皇七年（公元587年）灭后梁，九年（公元589年）灭陈，统一全国。②贺若弼（公元544—607年）：隋大将。字辅伯。北周时为寿州刺史，封襄邑县公。隋文帝时，任吴州总管，献取陈十策，为文帝所重，赐以宝刀。开皇九年，任行军总管，大破陈军于钟山。广陵：今江苏扬州市。③觇：窥看。④内国：即中国，指隋朝。⑤横江：今安徽和县长江北岸。⑥采石：在今安徽当涂北。⑦六合镇：今江苏六合县。⑧桃叶山：今瓜步镇之地。⑨虿：蝎类毒虫。⑩护军将军：重要军事长官。与领军将军或中领军同掌中央军队。中领军：重要军事长官。统率禁军，与护军将军或中护军同掌中央军队。⑪白下：即白下城。在今江苏南京市北金川门外、幕府山南麓。北临大江，为东晋、南朝时建康北郊的军事要地，常置镇戍于此。⑫京口：今江苏镇江市。⑬姑孰：今安徽当涂县。⑭新蔡：今湖北黄梅县。⑮曲阿：今江苏丹阳县。⑯吴兴：今浙江吴兴县南下菰城。

辛未，贺若弼进据钟山，[1]顿白土冈之东。晋王广遣总管杜彦与韩擒虎合军，[2]步骑二万屯于新林。蕲州总管王世积以舟师出九江，破陈将纪瑱于蕲口，[3]陈人大骇，降者相继。晋王广上状，帝大悦，宴赐群臣。

时建康甲士尚十馀万人，陈主素怯懦，不达军士，唯昼夜啼泣，台内处分，一以委施文庆。文庆既知诸将疾己，恐其有功，乃奏曰：『此辈怏怏，素不伏官，迫此事机，那可专信！』由是诸将凡有启请，率皆不行。

贺若弼之攻京口也，萧摩诃请将兵逆战，陈主不许。及弼至钟山，摩诃又曰：『弼悬军深入，垒堑未坚，出兵掩袭，可以必克。』又不许。陈主召摩诃、任忠于内殿议军事，忠曰：『兵法：客贵速战，主贵持重。今国家足食足兵，宜固守台城，缘淮立栅，北军虽来，勿与交战；分兵断江路，无令彼信得通。给臣精兵一万，金翅三百艘，下江径掩六合，彼大军必谓其度江将士已被俘获，自然挫气。淮南土人与臣旧相知悉，今闻臣往，必皆景从。臣复扬声欲往徐州，断彼归路，则诸军不击自去。待春水既涨，上江周罗睺等众军必沿流赴援，此良策也。』陈主不能从。明日欻然曰：『兵久不决，令人腹烦，可呼萧郎一出击之。』任忠叩头苦请勿战。孔范又奏：『请作一决，当为官勒石燕然。』陈主从之，④谓摩诃曰：『公可为我一决！』摩诃曰：『从来行陈，为国为身；今日之事，兼为妻子。』陈主多出金帛赋诸军以充赏。甲申，使鲁广达陈于白土冈，居诸军之南，任忠次之，樊毅、孔范又次之，萧摩诃军最在北。诸军南北亘二十里，首尾进退不相知。

贺若弼将轻骑登山，望见众军，因驰下，与所部七总管杨牙、员明等甲士凡八千，勒陈以待之。陈主通于萧摩诃之妻，故摩诃初无战意；唯鲁广达以其徒力战，与弼相当。隋师退走者数四，弼麾下死者二百七十三人，弼纵烟以自隐，窘而复振。陈兵得人头，皆走献陈主求赏，弼知其骄惰，更引兵趣孔范；范兵暂交即走，陈诸军顾之，骑卒乱溃，不可复止，死者五千人。员明擒萧摩诃，送于弼，弼命牵斩之。摩诃颜色自若，乃释而礼之。

任忠驰入台，⑤见陈主言败状，曰：『官好住，臣无所用力矣！』陈主与之金两縢，使募人出战。忠曰：『陛下唯当具舟楫，就上流众军，臣以死奉卫。』陈主信之，敕忠出部分，令宫人装束以待之，怪其久不至。时韩擒虎自新林进军，⑥忠已帅数骑迎降于石子冈。⑦领军蔡征守朱雀航，闻擒虎将至，众惧而溃。忠引擒虎军直入朱雀门，陈人欲战，忠挥之曰：『老夫尚降，诸军何事！』众皆散走。于是城内文武百司皆遁，唯尚书仆射袁宪在殿中，尚书令江总等数人居省中。陈主谓袁宪曰：『我从来接遇卿不胜余人，今日但以追愧。非唯朕无德，亦是江东衣冠道尽！』

陈主遑遽，将避匿，宪正色曰：『北兵之入，必无所犯。大事如此，陛下去欲安之！臣愿陛下正衣冠，御正殿，依梁武帝见侯景故事。』⑧陈主不从，下榻驰去，曰：『锋刃之下，未可交当，吾自有计！』从宫人十余出后堂景阳殿，将自投于井，宪苦谏不从；后阁舍人夏侯公韵以身蔽井，⑨陈主与争，久之，乃得入。既而军人窥井，呼之，不应，欲下石，乃闻叫声；以绳引之，惊其太重，及出，乃与张贵妃、孔贵嫔同束而上。沈后居处如常。太子深年十五，闭阁而坐，舍人孔伯鱼侍侧，⑩军士叩阁而入，深安坐，劳之曰：『戎旅在途，不至劳也！』军士咸致敬焉。时陈人宗室王侯在建康者百余人，陈主恐其为变，皆召入，令屯朝堂，使豫章王叔英总督之，又阴为之备，及台城失守，相帅出降。

贺若弼乘胜至乐游苑，鲁广达犹督余兵苦战不息，所杀获数百人，会日暮，乃解甲，面台再拜恸哭，谓众曰：『我身不能救国，负罪深矣！』士卒皆流涕歔欷，遂就擒。诸门卫皆走，弼夜烧北掖门入，闻韩擒虎已得陈叔宝，呼视之，叔宝惶惧，流汗股栗，向弼再拜。弼谓之曰：『小国之君当大国之卿，拜乃礼也。入朝不失作归命侯，[11]无劳恐惧。』既而耻功在韩擒虎后，与擒虎相诟，[12]挺刃而出；欲令蔡征为叔宝作降笺，命乘骡车归己，事不果。弼置叔宝于德教殿，以兵卫守。

高颎先入建康，颎子德弘为晋王广记室，[13]广使德弘驰诣颎所，令留张丽华，颎曰：『昔太公蒙面以斩妲己，今岂可留丽华！』乃斩之于青溪。[14]德弘还报，广变色曰：『昔人云，「无德不报」，我必有以报高公矣！』由是恨颎。

【注释】①钟山：今江苏南京市中山门外紫金山。②总管：地方高级军政长官。隋沿北周旧制，凡军事上较重要的州设置总管，兼任刺史，一个总管统辖邻近几个州的军事。③蕲口：今湖北蕲春县西南长江北岸蕲州镇。④燕然：今蒙古共和国杭爱山。⑤台：台城。⑥新林：今江苏南京市西南西善桥镇。⑦石子冈：今南京市南。⑧侯景（公元 503 年～552 年）：北朝时将领。先属北魏尒朱荣，继归高欢，为镇守河南的大将。中大同二年（公元 547 年），因恐为高澄（高欢子）所害，降梁，为河南王。次年，举兵叛变，攻破梁都城建康。⑨后阁舍人：官名。舍人为亲近随从之官。梁制，有殿中舍人、守舍人。陈制同。后阁舍人，当为殿中舍人之守后阁者。⑩舍人：此为太子舍人，太子属官。梁、陈制，有太子中舍人、太子舍人。太子舍人掌文记。⑪归命侯：三国吴末帝孙皓降晋，封归命侯。⑫诟：同『诟』。骂。⑬记室：官名。东汉置，诸王三公及大将军都设有记室令史，掌章表书记文檄。⑭青溪：人工水渠，三国时开凿。发源于今江苏南京市紫金山西南，屈曲穿达今南京市还流入秦淮河，长十余里。六朝时为首都漕运要道。溪上置栅，为防守要地。

丙戌，晋王广入建康，以施文庆受委不忠，曲为谄佞以蔽耳目，沈客卿重赋厚敛以悦其上，与太市令[1]阳慧朗、刑法监徐析、尚书都令史暨慧皆为民害，[2]斩于石阙下，以谢三吴。使高颎与元帅府记室裴矩收图籍，封府库，资财一无所取，天下皆称广，以为贤。矩，让之弟子也。

广以贺若弼先期决战，违军令，收以属吏。上驿召之，诏广曰：『平定江表，弼与韩擒虎之力也。』赐物万段；又赐弼与擒虎诏，美其功。

开府仪同三司王颁，僧辩之子也。夜，发陈高祖陵，焚骨取灰，投水而饮之。既而自缚，归罪于晋王广。广以闻，上命赦之。诏陈高祖、世祖、高宗陵，总给五户分守之。

上遣使以陈亡告许善心，善心衰服号哭于西阶之下，藉草东向坐三日，敕书唁焉。明日，有诏就馆，拜通直散骑常侍，[3]赐衣一袭。善心哭尽哀，入房改服，复出，北面立，垂泣，再拜受诏，明日乃朝，伏泣于殿下，悲不能兴。上顾左右曰：『我平陈国，唯获此人。既能怀其旧君，即我之诚臣也。』敕以本官直门下省。

陈水军都督周罗睺与郢州刺史荀法尚守江夏，[4]秦王俊督三十总管水陆十馀万屯汉口，不得进，相持逾月。陈荆州刺史陈慧纪遣南康内史吕忠肃屯岐亭，[5]据巫峡，于北岸凿岩，缀铁锁三条，横截上流以遏隋船，忠肃竭其私财以充军用。杨素、刘仁恩奋兵击之，四十馀战，忠肃守险力争，隋兵死者五千馀人，陈人尽取其鼻以求功赏。既而隋师屡捷，获陈之士卒，三纵之。忠肃弃栅而遁，素徐去其锁；忠肃复据荆门之延洲，[6]素遣巴蜑千人，[7]乘五牙四艘，以拍竿碎其十馀舰，遂大破之，俘甲士二千馀人，忠肃仅以身免。陈信州刺史顾觉屯安蜀城，[8]弃城走。陈慧纪屯公安，[9]悉烧其储蓄，引兵东下，于是巴陵以东无复城守者。[10]陈慧纪帅将士三万人，楼船千馀艘，沿江而下，欲入援建康，为秦王俊所拒，不得前。是时，陈晋熙王叔文罢湘州，还，至巴州，慧纪推叔文为盟主。而叔文已帅巴州刺史毕宝等致书请降于俊，俊遣使迎劳之。会建康平，晋王广命陈叔宝手书招上江诸将，使樊毅诣周罗睺，陈慧纪子正业诣慧纪谕指。时诸城皆解甲，罗睺乃与诸将大临三日，放兵散，然后诣俊降，陈慧纪亦降，上江皆平。杨素下至汉口，与俊会。王世积在蕲口，闻陈已亡，移书告谕江南诸郡，于是江州[11]司马黄偲弃城走，[12]豫章等诸郡太守皆诣世积降。[13]

癸巳，诏遣使者巡抚陈州郡。二月，乙未，废淮南行台省。

【注释】

①太市令：官名职掌管理市场。②都令史：官名。即令史之长。令史，尚书台等政府机构低级事务员。③通直散骑常侍：官名。在皇帝左右规谏过失，以备顾问，往往预闻要政。隋代属门下省。④江夏：今湖北武汉市武昌。⑤岐亭：在今湖北宜昌市西北西陵峡口。⑥延洲：在今湖北枝城市附近长江中。⑦巴蜑：族名。居住在今四川中部地区。⑧安蜀城：今湖北宜昌市西北西陵峡口。⑨公安：今湖北公安县东北。⑩巴陵：今湖南岳阳市。⑪江州：今

江西九江市。⑫司马：官名。此处司马为州府佐吏，掌军事。⑬豫章：今江西南昌市。

苏威奏请五百家置乡正，使治民，简辞讼。李德林以为：『本废乡官判事，为其里闾亲识，剖断不平，今令乡正专治五百家，恐为害更甚。且要荒小县，有不至五百家者，岂可使两县共管一乡！』帝不听。丙申，制：『五百家为乡，置乡正一人；百家为里，置里长一人。』

陈吴州刺史萧瓛能得物情，①陈亡，吴人推瓛为主，右卫大将军武川宇文述帅行军总管元契、张默言等讨之。②落丛公燕荣以舟师自东海至。陈永新侯陈君范自晋陵奔瓛，并军拒述。述军且至，瓛立栅于晋陵城东，留兵拒述，遣其将王褒守吴州，自义兴入太湖，③欲掩述后。述进破其栅，回兵击瓛，大破之；又遣兵别道袭吴州，王褒衣道士服弃城走。瓛以馀众保包山，④燕荣击破之。瓛将左右数人匿民家，为人所执。述进至奉公埭，⑤陈东扬州刺史萧岩以会稽降，与瓛皆送长安，斩之。

杨素之下荆门也，遣别将庞晖将兵略地，南至湘州，⑥城中将士，莫有固志。刺史岳阳王叔慎，年十八，置酒会文武僚吏。酒酣，叔慎叹曰：『君臣之义，尽于此乎！』长史谢基伏而流涕。湘州助防遂兴侯正理在坐，乃起曰：『主辱臣死，诸君独非陈国之臣乎！今天下有难，实致命之秋也。纵其无成，犹见臣节。青门之外，⑦有死不能！今日之机，不可犹豫，后应者斩！』众咸许诺。乃刑牲结盟，仍遣人诈奉降书于庞晖。晖信之，克期而入，叔慎伏甲待之。晖至，执之以徇，并其众皆斩之。叔慎坐于射堂，招合士众，数日之中，得五千人。衡阳⑧太守樊通、武州刺史邬居业皆请举兵助之。⑨隋所除湘州刺史薛胄将兵适至，与行军总管刘仁恩共击之；⑩叔慎遣其将陈正理与樊通拒战，兵败。胄乘胜入城，擒叔慎。仁恩破邬居业于横桥，⑪亦擒之。俱送秦王俊，斩于汉口。

岭南未有所附，数郡共奉高凉郡太夫人冼氏为主，⑫号圣母，保境拒守。诏遣柱国韦洸等安抚岭外，⑬陈豫章太守徐璒据南康拒之，⑭洸等不得进。晋王广遣陈叔宝遗夫人书，谕以国亡，使之归隋。夫人集首领数千人，尽日恸哭，遣其孙冯魂帅众迎洸。洸击斩徐璒，入，至广州，说谕岭南诸州皆定；表冯魂为仪同三司，⑮册冼氏为宋康郡夫人。洸，夐之子也。

衡州司马任瓌劝都督王勇据岭南，求陈氏子孙，立以为帝；勇不能用，以所部来降，瓌弃官去。瓌，忠之弟子也。

于是陈国皆平，得州三十，郡一百，县四百，诏建康城邑宫室，并平荡耕垦，更于石头置蒋州。

晋王广班师，留王韶镇石头城，委以后事。三月，己巳，陈叔宝与其王公百司发建康，诣长安，大小在路，五百里累累不绝。帝命权分长安士民宅以俟之，内外修整，遣使迎劳；陈人至者如归。夏，四月，辛亥，帝幸骊山，亲劳旋师。乙巳，诸军凯入，献俘于太庙，陈叔宝及诸王侯将相并乘舆服御、天文图籍等以次行列，仍以铁骑围之，从晋王广、秦王俊入，列于庙廷。拜广为太尉，赐辂车、乘马、衮冕之服、玄圭、白璧。丙午，帝坐广阳门观，⑯引陈叔宝于前，及太子、诸王二十八人，司空司马消难以下至尚书郎凡二百馀人，帝使纳言宣诏劳之；⑰次使内史令宣诏，⑱责以君臣不能相辅，乃至灭亡。叔宝及其群臣并愧惧伏地，屏息不能对，既而宥之。

初，武元帝迎司马消难，与消难结为兄弟，情好甚笃，帝每以叔父礼事之。及平陈，消难至，特免死，配为乐户，二旬而免，犹以旧恩引见；寻卒于家。

庚戌，帝御广阳门宴将士，自门外夹道列布帛之积，达于南郭。班赐各有差，凡用三百馀万段。故陈之境内，给复十年，馀州免其年租赋。

乐安公元谐进曰：「陛下威德远被，臣前请以突厥可汗为候正，⑲陈叔宝为令史，⑳今可用臣言矣。」帝曰：「朕平陈国，本以除逆，非欲夸诞。公之所奏，殊非朕心。突厥不知山川，何能警候；叔宝昏醉，宁堪驱使！」谐默然而退。

【注释】

①吴州：今江苏苏州市。②右卫大将军：隋十二禁卫军长官之一。③晋陵：今江苏常州市。义兴：今江苏宜兴县。④包山：即太湖洞庭山。⑤奉公埭：地名。今浙江萧山市西。⑥荆门：今湖北枝城市西北。湘州：今湖南长沙市。⑦青门之外：秦朝灭亡，东陵侯召平为平民，在咸阳青门外种瓜为生。此处陈正理意谓陈亡后宁愿一死，不愿为民以求活。⑧衡阳：今湖南湘潭市。⑨武州：治所在今湖南常德市。⑩行军总管：行军元帅。隋制，领军出征者称行军总管或大总管，是出征时的军队主帅。⑪横桥：今江西奉新县西。⑫高凉郡：今广东阳江县西。太夫人冼氏：通称冼夫人，南朝、隋初岭南少数民族女首领。嫁梁高凉太守冯宝。冯宝死后，她积极助陈统一岭南，封石龙太夫人。隋开皇九年（公元589年）迎隋将韦洸入广州，击平王仲宣叛乱，封谯国夫人。⑬柱国：官名。隋制柱国为二等勋官。⑭南康：今江西赣州市。⑮仪同三司：官名。隋制，仪同三司为第八等勋官。⑯广阳门：隋大兴宫城正南门。⑰纳言：

门下省长官，掌出纳王命。⑱内史令：内史省（中书省）长官。负责秉承皇帝意旨起草诏敕，传宣诏命。⑲候正：边境伺望侦察哨所头目。⑳令史：官名。汉代设有兰台令史、尚书令史，掌文书，职位次于郎。隋唐以后，令史变为三省六部及御史台的低级事务员。

辛酉，进杨素爵为越公，以其子玄感为仪同三司，①玄奖为清河郡公；赐物万段，粟万石。命贺若弼登御坐，赐物八千段，加位上柱国，②进爵宋公。仍各加赐金宝及陈叔宝妹为妾。

贺若弼、韩擒虎争功于帝前。弼曰：『臣在蒋山死战，③破其锐卒，擒其骁将，震扬威武，遂平陈国；韩擒虎略不交陈，岂臣之比！』擒虎曰：『本奉明旨，令臣与弼同时合势以取伪都，弼乃敢先期，逢贼遂战，致令将士伤死甚多。臣以轻骑五百，兵不血刃，直取金陵，降任蛮奴，执陈叔宝，据其府库，倾其巢穴。弼至夕方扣北掖门，臣启关而纳之。斯乃救罪不暇，安得与臣相比！』帝曰：『二将俱为上勋。』于是进擒虎位上柱国，赐物八千段。有司劾擒虎放纵士卒，淫污陈宫；坐此不加爵邑。

加高颎上柱国，进爵齐公，赐物九千段。帝劳之曰：『公伐陈后，人言公反，朕已斩之。君臣道合，非青蝇所能间也。』④帝从容命颎与贺若弼论平陈事，颎曰：『贺若弼先献十策，后于蒋山苦战破贼。臣文吏耳，焉敢与大将论功！』帝大笑，嘉其有让。

帝之伐陈也，使高颎问方略于上仪同三司李德林，⑤以授晋王广；至是，帝赏其功，授柱国，封郡公，赏物三千段。已宣敕讫，或说高颎曰：『今归功于李德林，诸将必当愤惋，且后世观公有若虚行。』颎入言之，乃止。

以秦王俊为扬州总管四十四州诸军事，镇广陵。晋王广还并州。

晋王广之戮陈五佞也，未知都官尚书孔范、散骑常侍王瑳、王仪、御史中丞沈瓘之罪，⑥故得免；及至长安，事并露，乙未，帝暴其过恶，投之边裔，以谢吴、越之人。瑳刻薄贪鄙，忌害才能；仪倾巧侧媚，献二女以求亲昵；瓘险惨苛酷，发言邪谄，故同罪焉。

帝给赐陈叔宝甚厚，数得引见，班同三品；每预宴，恐致伤心，为不奏吴音。后监守者奏言：『叔宝云，「既无秩位，每预朝集，愿得一官号。」』帝曰：『叔宝全无心肝！』监者又言：『叔宝常醉，罕有醒时。』帝问：『饮酒几何？』

对曰：『与其子弟日饮一石。』帝大惊，使节其酒，既而曰：『任其性；不尔，何以过日！』帝以陈氏子弟既多，恐其在京城为非，乃分置边州，给田业使为生，岁时赐衣服以安全之。

诏以陈尚书令江总为上开府仪同三司，仆射袁宪、骠骑萧摩诃、领军任忠皆为开府仪同三司，[7]吏部尚书吴兴姚察为秘书丞。[8]上嘉袁宪雅操，下诏，以为江表称首，授昌州刺史。闻陈散骑常侍袁元友数直言于陈叔宝，擢拜主爵侍郎。[9]谓群臣曰：『平陈之初，我悔不杀任蛮奴。受人荣禄，兼当重寄，不能横尸徇国，乃云无所用力，与弘演纳肝何其远也！』[10]

帝见周罗睺，慰谕之，许以富贵。罗睺垂泣对曰：『臣荷陈氏厚遇，本朝沦亡，无节可纪。得免于死，陛下之赐也，何富贵之敢望！』贺若弼谓罗睺曰：『闻公郢、汉捉兵，即知扬州可得。王师利涉，果如所量。』罗睺曰：『若得与公周旋，胜负未可知也。』顷之，拜上仪同三司。先是，陈裨将羊翔来降，伐陈之役，使为向导，位至上开府仪同三司，班在罗睺上。韩擒虎于朝堂戏之曰：『不知机变，乃立在羊翔之下，能无愧乎！』罗睺曰：『昔在江南，久承令问，谓公天下节士；今日所言，殊非所望。』擒虎有愧色。

帝之责陈君臣也，陈叔文独欣然有得色。既而复上表自陈：『昔在巴州，已先送款，乞知此情，望异常例！』帝虽嫌其不忠，而欲怀柔江表，乃授叔文开府仪同三司，拜宜州刺史。

初，陈散骑常侍韦鼎聘于周，遇帝而异之，谓帝曰：『公当贵，贵则天下一家，岁一周天，老夫当委质于公。』及至德之初，鼎为太府卿，[11]尽卖田宅，大匠卿毛彪问其故，[12]鼎曰：『江东王气，尽于此矣！吾与尔当葬长安。』及陈平，上召鼎为上仪同三司。鼎，睿之孙也。

壬戌，诏曰：『今率土大同，含生遂性，太平之法，方可流行。凡我臣民，澡身浴德，家家自修，人人克念。兵可立威，不可不戢，刑可助化，不可专行。禁卫九重之馀，镇守四方之外，戎旅军器，皆宜停罢。世路既夷，群方无事，武力之子，俱可学经；民间甲仗，悉皆除毁。颁告天下，咸悉此意。』

贺若弼撰其所画策上之，谓为《御授平陈七策》。帝弗省，曰：『公欲发扬我名，我不求名；公宜自载家传。』弼位望隆重，兄弟并封郡公，为刺史、列将，家之珍玩，不可胜计，婢妾曳罗绮者数百，时人荣之。其后突厥来朝，上谓之曰：『汝闻江南有陈国天子乎？』对曰：『闻之。』上命左右引突厥诣韩擒虎前曰：『此是执得陈国天子者。』

擒虎厉色顾之，突厥惶恐，不敢仰视。

左卫将军庞晃等短高颎于上，⑬上怒，皆黜之，亲礼逾密。因谓颎曰：『独孤公，犹镜也，每被磨莹，皎然益明。』

初，颎父宾为独孤信僚佐，赐姓独孤氏，故上常呼为独孤而不名。

乐安公元谐，性豪侠，有气调。少与上同学，甚相爱，及即位，累历显仕。谐好排诋，不能取媚左右。与上柱国王谊善，谊诛，上稍疏忌之。或告谐与从父弟上开府仪同三司滂、临泽侯田鸾、上仪同三司祁绪等谋反，下有司案验，奏：『谐谋令祁绪勒党项兵断巴、蜀。⑭又，谐尝与滂同谒上，谐私谓滂曰：「我是主人，殿上者贼也。」因令滂望气，滂曰：「彼云似蹲狗走鹿，不如我辈有福德云。」』上大怒，谐、滂、鸾、绪并伏诛。

【注释】

①仪同三司：隋制为八等勋官，正五品。②上柱国：隋制为一等勋官，从一品。③蒋山：今江苏南京市中山门外紫金山。④青蝇：苍蝇的一种，也称金蝇。因以青蝇喻指谗言。⑤上仪同三司：隋制为七等勋官，从四品。⑥都官尚书：官名。隋初设都官尚书，统都官、刑部、比部、司门各侍郎，后改都官尚书为刑部尚书，即刑部长官，掌法律、刑狱。⑦上开府仪同三司：隋制为五等勋官，从三品。开府仪同三司：隋制为六等勋官，正四品。⑧吏部尚书：官名。隋唐吏部为六部之首，长官为吏部尚书，掌管全国官吏的任免、考课、升降、调动等事务。⑨主爵侍郎：官名。吏部属官，主管爵位。⑩弘演：春秋时卫懿公臣。卫懿公与狄人战于荧泽，被杀。弘演剖腹纳肝殉死。⑪太府卿：官名。梁、陈十二卿之一，掌财货库藏。⑫大匠卿：官名。梁、陈二十卿之一，掌土木营建。⑬左卫将军：隋十二禁卫军长官之一。⑭党项：古民族名。汉代西羌的一支。初居今青海、甘肃、四川边区一带。

闰月，己卯，以吏部尚书苏威为右仆射。六月，乙丑，以荆州总管杨素为纳言。

朝野皆请封禅，秋，七月，丙午，诏曰：『岂可命一将军除一小国，遐迩注意，便谓太平。以薄德而封名山，用虚言而干上帝，非朕攸闻。而今以后，言及封禅，宜即禁绝。』

左卫大将军广平王雄，贵宠特盛，与高颎、虞庆则、苏威称为四贵。雄宽容下士，朝野倾属，上恶其得众，阴忌之，不欲其典兵马；八月，壬戌，以雄为司空，实夺之权。雄既无职务，乃杜门不通宾客。

帝践祚之初，柱国沛公郑译请修正雅乐，①诏太常卿牛弘、国子祭酒辛彦之、博士何妥等议之，②积年不决。译言：『古乐十二律，③旋相为宫，④各用七声，⑤世莫能通。』译因龟兹人苏祇婆善琵琶，⑥始得其法，推演为十二均、八十四调，⑦以校太乐所奏，例皆乖越。译又于七音之外更立一声，谓之应声，作书宣示朝廷。与邳公世子苏夔议累黍定律。

时人以音律久无通者，非译、夔一朝可定。帝素不悦学，而牛弘不精音律，何妥自耻宿儒反不逮译等，常欲沮坏其事，乃立议，非十二律旋相为宫及七调，竞为异议，各立朋党；或欲令各造乐，待成，择其善者而从之。妥恐乐成善恶易见，乃请帝张乐试之，先白帝去：『黄钟象人君之德。』⑧及奏黄钟之调，帝曰：『滔滔和雅，甚与我心会。』妥因奏止用黄钟一宫，不假馀律。帝悦，从之。

时又有乐工万宝常，妙达钟律。译等为黄钟调成，奏之，帝召问宝常，宝常曰：『此亡国之音也。』帝不悦。宝常请以水尺为律，以调乐器，上从之。宝常造诸乐器，其声率下郑译调二律，损益乐器，不可胜纪。其声雅淡，不为时人所好，太常善声者多排毁之。苏夔尤忌宝常，夔父威方用事，凡言乐者皆附之而短宝常，宝常乐竟为威所抑，寝不行。

及平陈，获宋、齐旧乐器，并江左乐工，帝令廷奏之，叹曰：『此华夏正声也。』乃调五音为五夏、二舞、登歌、房内等十四调，⑨宾祭用之。仍诏太常置清商署以掌之。

时天下既壹，异代器物，皆集乐府。⑩牛弘奏：『中国旧音多在江左。前克荆州得梁乐，今平蒋州又得陈乐。史传相承以为合古，请加修缉以备雅乐。其后魏之乐及后周所用，杂有边裔之声，皆不可用，请悉停之。』冬，十二月，诏弘与许善心、姚察及通直郎虞世基参定雅乐。世基，荔之子也。

己巳，以黄州总管周法尚为永州总管，安集岭南，给黄州兵三千五百人为帐内，陈桂州刺史钱季卿等皆诣法尚降。定州刺史吕子廓，据山洞，不受命，法尚击斩之。

以驾部侍郎狄道辛公义为岷州刺史。⑪岷州俗畏疫，⑫一人病疫，阖家避之，病者多死。公义命皆舆置己之听事，暑月，病人或至数百，厅廊皆满。公义设榻，昼夜处其间，以秩禄具医药，身自省问。病者既愈，乃召其亲戚谕之曰：『死生有命，岂能相染！若相染者，吾死久矣。』皆惭谢而去。其后人有病者，争就使君，其家亲戚固留养之，始相慈爱，风俗遂变。后迁牟州刺史，[13]下车，先至狱中露坐，亲自验问。十馀日间，决遣咸尽，方还听事受领新讼。事皆立决；若有未尽，必须禁者，公义即宿听事，终不还阁。或谏曰：『公事有程，使君何自苦！』公义曰：『刺史无德，不能使民无讼，岂可禁人在狱而安寝于家乎！』罪人闻之，咸自款服。后有讼者，乡闾父老遽晓之曰：『此小事，何忍勤劳使君！』讼者多两让而止。

【注释】

①雅乐：古代帝王祭祀天地、祖先和朝会、宴享等重大典礼时所用的乐舞，相对于俗乐而言，古代视为正乐。②太常卿：官名。太常寺长官。掌祭祀礼乐。国子祭酒：学官名。即古代贵族子弟学校（国子监）校长。博士：学官名。即国子博士。③十二律：我国古代的定音方法，简称『律吕』。用三分损益把一个八度分为十二个不完全相等的半音，相当于把现代使用的传统七声音阶分为十二个『律』，每个律约等于半个音。十二律从低到高依次为黄钟、大吕、太簇、夹钟、姑洗、仲吕、蕤宾、林钟、夷则、南吕、无射、应钟。④旋相为宫：中国古代以七音配十二律，每律都可以作为宫音，叫做『旋相为宫』，简称『旋宫』。也就是以十二律中任何一律作宫音，翻出十二个调来，即转调（包括调高与调式的变换）之意。⑤七声：中国古代七声音阶中的七个音级，即宫、商、角、变徵、徵、羽和变宫。⑥龟兹：古西域城国名。今新疆库车县一带。苏祇婆：北周武帝宇文邕娶突厥阿史那公主，苏祇婆为陪嫁侍从之一。⑦十二均：以十二律中各律为宫所建立的音阶。⑧黄钟：古乐十二律中的第一律。声调最洪大响亮。⑨五夏：昭夏、皇夏、诚夏、需夏、肆夏。二舞：文、武二舞。房内十四调：杨坚在北周时曾倚琵琶作歌二首，名《地厚天高》，托言夫妻之义，因取之为房内曲。十四调，北周乐律制度，悬钟、磬法七正七背，合为十四。⑩乐府：古代主管音乐的官署。⑪驾部侍郎：官名。兵部尚书属官，掌舆辇、传乘、邮驿、厩牧之事。⑫岷州：今甘肃岷县。⑬牟州：今山东掖县。

十年 春，正月，乙未，以皇孙昭为河南王，楷为华阳王。昭，广之子也。

二月，上幸晋阳，[1]命高颎居守。[2]夏，四月，辛酉，至自晋阳。

成安文子李德林，[3]恃其才望，论议好胜，同列多疾之；由是以佐命无功，十年不徙级。德林数与苏威异议，[4]高颎常助威，奏德林狠戾，上多从威议。上赐德林庄店，[5]使自择之，德林请逆人高阿那肱卫国县市店，上许之。及幸晋阳，店人诉称高氏强夺民田，于内造店赁之。苏威因奏德林诬罔。妄奏自入，司农卿李圆通等复助之曰[6]：『此店收利如食千户，请计日追赃。』上自是益恶之。虞庆则等奉使关东巡省，[7]还，皆奏称『乡正专理辞讼，[8]党与爱憎，公行货贿，不便于民。』上令废之。德林曰：『兹事臣本以为不可，然置来始尔，复即停废，政令不一，朝成暮毁，深非帝王设法之义。臣望陛下自今群臣于律令辄欲改张，即以军法从事；不然者，纷纭未已。』上遂发怒，大诟云：『尔欲以我为王莽邪！』先是，德林称父为太尉咨议以取赠官，[9]给事黄门侍郎猗氏陈茂等密奏[10]：『德林父终于校书，[11]妄称咨议。』上甚衔之。至是，上因数之曰：『公为内史，[12]典朕机密，比不可豫计议者，以公不弘耳，宁自知乎！又罔冒取店，妄加父官，朕实忿之，而未能发，今当以一州相遗耳。』因出为湖州刺史。[13]德林拜谢曰：『臣不敢复望内史令，请但预散参。』上不许，迁怀州刺史而卒。[14]

李圆通，本上微时家奴，有器干；及为隋公，以圆通及陈茂为参佐，由是信任之。梁国之废也，上以梁太府卿柳庄为给事黄门侍郎。[15]庄有识度，博学，善辞令，明习典故，雅达政事，上及高颎、苏威皆重之。与陈茂同僚，不能降意，茂谮之于上，上稍疏之，出为饶州刺史。[16]

上性猜忌，不悦学，既任智以获大位，因以文法自矜，明察临下，恒令左右觇视内外，[17]有过失则加以重罪。又患令史赃污，私使人以钱帛遗之，[18]得犯立斩。每于殿庭棰人，一日之中，或至数四；尝怒问事挥楚不甚，即命斩之。尚书左仆射高颎、[19]治书侍御史柳彧等谏，[20]以为『朝堂非杀人之所，殿廷非决罚之地。』上不纳。颎等乃尽诣朝堂请罪，上顾谓领左右都督田元曰[21]：『吾杖重乎？』元曰：『重。』帝问其状，元举手曰：『陛下杖大如指，捶人三十者，比常杖数百，故多死。』上不怿，乃令殿内去杖，欲有决罚，各付所由。后楚州行参军李君才上言[22]：『上宠高颎过甚。』上大怒，命杖之，而殿内无杖，遂以马鞭捶杀之。自是殿内复置杖。未几，怒甚，又于殿廷杀人；兵部侍郎冯基固谏，[23]上不从，竟于殿廷杀之。上亦寻悔，宣慰冯基，而怒群臣之不谏者。

【注释】

①晋阳：今山西太原市西南古城营西古城。②高颎：隋代名相。一名敏，字昭玄。北周末，从杨坚为相府司隶。隋文帝时，任尚书左仆射，执掌朝政。③成安：今河南民权县东北。文子：文，谥号。子，爵位。④苏威（公元 534—621 年）：字无畏。隋文帝时历任纳言、民部尚书、尚书左仆射等职。⑤高阿那肱：北齐时曾为右丞相，

后降北周。大象二年（公元 580 年）八月，从益州总管王谦起兵反杨坚，被诛。卫国县：今河南清丰县南。⑥司农卿：隋九卿之一，司农寺长官，主农功仓廪。⑦关东：指函谷关或潼关以东地区。⑧乡正：乡官名。隋制乡设乡正，里设里长。⑨太尉谘议：北齐三公太尉、司徒、司空属官有谘议参军之职，为从第四品。⑩给事黄门侍郎：门下省属官，掌侍从左右、献纳得失、驳正文书。猗氏：旧县名。今山西临猗县。⑪校书：即校书郎，秘书省属官，掌典校藏书。北齐之制，校书郎为从第九品。⑫内史：即内史令。汉魏中书省至隋改称内史省，主撰作诏令文书，长官为内史令。⑬湖州：今浙江湖州市。⑭怀州：今河南沁阳县。⑮太府卿：梁十二卿之一，掌财货库藏。⑯饶州：今江西波阳县。⑰觇视：偷看，侦察。⑱遗：赠送。⑲楚：打人的荆条。尚书左仆射：尚书省副长官。⑳治书侍御史：隋制御史大夫为御史台台主，治书侍御史为副。㉑领左右都督：隋初沿北周之制，设置十二府以统率禁卫军，其中左右领左右府简称领左右府，各设大将军一人、将军二人。又因北齐旧制，将军之下置正副都督。㉒楚州：今江苏淮安阳。行参军：隋制，州置刺史，属官中有户曹、兵曹参军事，法曹、士曹行参军等职。㉓兵部侍郎：兵部是隋唐时尚书省下属的六部之一，掌管全国武官选用和兵籍、军械、军令之政，长官为兵部尚书，统兵部、职方侍郎各二人，驾部、库部侍郎各一人。

五月，乙未，诏曰：『魏末丧乱，军人权置坊府，①南征北伐，居处无定，家无完堵，地罕包桑，朕甚愍之。凡是军人，可悉属州县，垦田、籍帐，一与民同。军府统领，宜依旧式。罢山东②、河南及北方缘边之地新置军府。』③

六月，辛酉，制民年五十免役收庸。

秋，七月，癸卯，以纳言杨素为内史令。

冬，十一月，辛丑，上祀南郊。④

江表自东晋已来，⑤刑法疏缓，世族陵驾寒门；平陈之后，牧民者尽更变之。苏威复作《五教》，⑥使民无长幼悉诵之，士民嗟怨。民间复讹言隋欲徙之入关，远近惊骇。于是婺州汪文进、越州高智慧、苏州沈玄侩皆举兵反，⑦自称天子。署置百官。乐安蔡道人、蒋山李凌、饶州吴世华、温州沈孝彻、泉州王国庆、杭州杨宝英、交州李春等皆自称大都督，⑧攻陷州县。陈之故境，大抵皆反。大者有众数万，小者数千，共相影响。执县令，或抽其肠，或脔其肉食之，⑨曰：『更能使侬诵《五教》邪！』诏以杨素为行军总管以讨之。

素将济江，使始兴麦铁杖戴束藁，⑩夜，浮渡江觇贼，还而复往，为贼所擒，遣兵仗三十人防之。铁杖取贼刀，乱斩防者，杀之皆尽，割其鼻，怀之以归。素大奇之，奏授仪同三司。

素帅舟师自杨子津入，⑪击贼帅朱莫问于京口，⑫破之。进击晋陵贼帅顾世兴、无锡贼帅叶略，皆平之。沈玄侩败走，素追擒之。高智慧据浙江东岸为营，⑬周亘百余里，船舰被江；素击之。子总管南阳来护儿言于素曰⑭：『吴人轻锐，利在舟楫，必死之贼，难与争锋，公宜严陈以待之，勿与接刃。请假奇兵数千潜渡江，掩破其壁。使退无所归，进不得战，此韩信破赵之策也。』⑮素从之。护儿以轻舸数百直登江岸，袭破其营，因纵火，烟焰张天。贼顾火而惧，素因纵兵奋击，大破之，贼遂溃。智慧逃入海，素蹑之至海曲，召行军记室封德彝计事，德彝坠水，人救，获免，易衣见素，竟不自言。素后知之，问其故，曰：『私事也，所以不白。』素嗟异之。德彝名伦，以字行，隆之之孙也。汪文进以蔡道人为司空，守乐安，素进讨，悉平之。

素遣总管史万岁帅众二千，自婺州别道逾岭越海，攻破溪洞，不可胜数。前后七百馀战，转斗千馀里，寂无声问者十旬，远近皆以万岁为没。万岁置书竹筒中，浮之于水，汲者得之，言于素。素上其事，上嗟叹，赐万岁家钱十万。

素又破沈孝彻于温州，步道向天台，⑯指临海，逐捕遗逸，前后百馀战，高智慧走保闽、越。上以素久劳于外，令驰传入朝。⑰素以馀贼未殄，恐为后患，复请行，遂乘传至会稽。王国庆自以海路艰阻，非北人所习，不设备；素泛海奄至，国庆遑遽弃州走。馀党散入海岛，或守溪洞，素分遣诸将，水陆追捕。密令人说国庆，使斩送智慧以自赎；国庆乃执送智慧，斩于泉州，馀党悉降。江南大定。

素班师，上遣左领军将军独孤陀至浚仪迎劳；⑱比到京师，问者日至。拜素子玄奖为仪同三司，赏赐甚厚。陀，信之子也。⑲

杨素用兵多权略，驭众严整，每将临敌，辄求人过失而斩之，多者百馀人，少不下十数，流血盈前，言笑自若。及其对陈，先令一二百人赴敌，陷陈则已，如不能陷而还者，无问多少，悉斩之；又令二三百人复进，还如向法。将士股栗，有必死之心，由是战无不胜，称为名将。素时贵幸，言无不从，其从素行者，微功必录，至他将虽有大功，多为文吏所谴却，故素虽残忍，士亦以此愿从焉。

【注释】

①坊府：北魏军队设置有六坊，北齐沿置。也称为六府。②山东：指华山（今属陕西）或崤山（今属河南）以东地区。③河南：南北朝时，今甘肃省西南部黄河以南地区称河南。④南郊：隋祭天之所。⑤江表：泛指长江以南地区。⑥五教：隋开皇三年（583），令苏威、牛弘等更定新律，凡五百条，十二卷。六年，敕诸州长史以下、行参军以上，并令诵习律令，定时会集京师，试其通否。⑦婺州：今浙江金华县。越州：今浙江绍兴市。⑧乐安：治所在今浙江仙居县。泉州：今福建福州市。交州：今越南河内市。大都督：西魏、北周和隋文帝时，府兵制的各军府中，以大都督、帅都督、都督为团、旅、队的官长。⑨脔：肉块，碎割。⑩始兴：今广东始兴县。⑪杨子津：今江苏扬州市南。⑫京口：今江苏镇江市。⑬浙江：今浙江省钱塘江。⑭子总管：裨将，领兵，属总管。⑮韩信破赵：公元前204年，汉将韩信率军数万攻赵，采用『陷之死地而后生』的战术，背水为阵，率军奋战；同时遣兵袭占赵军防御薄弱的后方。二十万赵军腹背受敌，全部溃败。赵将被杀，赵王歇被俘。⑯天台：今浙江天台县城北天台山。⑰驰传：驾驿站车马急行。传，驿车，传达命令的马车。⑱左领军将军：隋禁军十二府中有左右领军府，各设大将军一人，将军一人，掌侍卫左右，供御兵仗。浚仪：县名。今河南开封市。⑲信：独孤信，云中（今山西大同市）人。北周功臣。长女为周明帝后，四女唐高祖母元贞后，七女为隋文帝后，历周隋唐三代俱为外戚。

以并州总管晋王广为扬州总管，[1]镇江都，复以秦王俊为并州总管。

番禺夷王仲宣反，[2]岭南首领多应之，引兵围广州。韦洸中流矢卒，[3]诏以其副慕容三藏检校广州道行军事。又诏给事郎裴矩巡抚岭南，[4]矩至南康，得兵数千人。仲宣遣别将周师举围东衡州，[5]矩与大将军鹿愿击斩之，[6]进至南海。[7]

高凉洗夫人遣其孙冯暄将兵救广州，暄与贼将陈佛智素善，逗留不进；夫人知之，大怒，遣使执暄，系州狱，更遣孙盎出讨佛智，斩之。进会鹿愿于南海，与慕容三藏合击仲宣，仲宣众溃，广州获全。洗氏亲被甲，乘介马，张锦伞，引彀骑卫，从裴矩巡抚二十馀州。苍梧首领陈坦等皆来谒见，矩承制署为刺史、县令，使还统其部落，岭表遂定。

矩复命，上谓高颎、杨素曰：『韦洸将二万兵不能早度岭，朕每患其兵少。裴矩以三千弊卒径至南海，有臣若此，朕亦何忧！』以矩为民部侍郎。⑧拜冯盎高州刺史，⑨追赠冯宝广州总管⑩、谯国公。册冼氏为谯国夫人，开谯国夫人幕府，置长史以下官属，⑪官给印章，听发部落六州兵马，若有机急，便宜行事。仍敕以夫人诚效之故，特赦暄逗留之罪，拜罗州刺史。⑫皇后赐夫人首饰及宴服一袭，夫人并盛于金箧，并梁、陈赐物，各藏一库，每岁时大会，陈之于庭，以示子孙，曰：『我事三代主，唯用一忠顺之心。今赐物具存，此其报也。汝曹皆念之，尽赤心于天子！』

番州总管赵讷贪虐，⑬诸俚、獠多亡叛。⑭夫人遣长史张融上封事，论安抚之宜，并言讷罪，不可以招怀远人。上遣推讷，得其赃贿，竟致于法；敕委夫人招慰亡叛。夫人亲载诏书，自称使者，历十馀州，宣述上意，谕诸俚、獠，所至皆降。上嘉之，赐夫人临振县为汤沐邑，⑮赠冯仆崖州总管、平原公。⑯

【注释】

①并州：隋唐时北方政治、军事重镇。今山西太原市西南。②番禺：今广州市。③韦洸：字世穆。初仕周。入隋后，历江州总管、广州总管。④给事郎：秦汉有加官称给事中。晋以后为正官。隋开皇六年（公元586年），于吏部置给事郎。⑤东衡州：今广东韶关市南。⑥大将军：隋代左右武卫、左右武候等各置大将军，为禁军的高级武官。⑦南海：在今广州市。⑧民部侍郎：官名。民部为隋唐时六部之一，掌全国土地、户籍、赋税、财政收支等事务。长官为民部尚书，其副有度支、户部侍郎各二人，金部、仓部侍郎各一人。⑨高州：即高凉郡，旧置高州。⑩冯宝：梁高凉太守，冼夫人之夫。⑪长史：官名。三公府、大将军幕府属官，职任颇重。南北朝时，凡刺史之带将军称号开府者，其幕府亦设长史，多兼任首郡太守。⑫罗州：今广东化州市。⑬番州：今广州市。⑭俚：黎族。獠：古籍中对我国少数民族仡佬族的侮辱性称谓。⑮临振县：今广东崖县。汤沐邑：古代天子赐给诸侯的封邑，邑内收入供诸侯作汤沐之用。汉制，自天子以至于封君皆有汤沐邑，收取赋税以供个人奉养。⑯冯仆：冼夫人之子。曾为陈阳春（今属广东）太守。崖州：今海南省儋县西北。

十一年 春，正月，皇太子妃元氏薨。

二月，戊午，吐谷浑遣使入贡。吐谷浑可汗夸吕闻陈亡，大惧，遁逃保险，不敢为寇。夸吕卒，子世伏立，使其兄子无素奉表称藩，并献方物，请以女备后庭。上谓无素曰：『若依来请，它国闻之，必当相效，何以拒之！朕情存安养，各令遂性，岂可聚敛子女以实后宫乎！』竟不许。

平乡令刘旷有异政，①以义理晓谕，讼者皆引咎而去，狱中草满，庭可张罗；迁临颍令。②高颎荐旷清名善政为天下第一，上召见，劳勉之，顾谓侍臣曰：『若不殊奖，何以为劝！』丙子，优诏擢为莒州刺史。③

辛巳晦，日有食之。

初，帝微时，与滕穆王瓒不协。帝为周相，以瓒为大宗伯，瓒恐为家祸，阴欲图帝，帝隐之。瓒妃，周高祖妹顺阳公主也，与独孤后素不平，阴为咒诅；帝命出之，瓒不可。秋，八月，壬申，瓒从帝幸栗园，④暴薨，时人疑其遇鸩。乙亥，帝至自栗园。

沛达公郑译卒。

【注释】

①平乡：今河北平乡县西南平乡。②临颍：今河南临颍县西北。③莒州：今山东沂水县。④栗园：在长安南。

高祖文皇帝上之下

开皇十二年　春，二月，己巳，以蜀王秀为内史令兼右领军大将军。

国子博士何妥与尚书右仆射邳公苏威争议事，积不相能。威子夔为太子通事舍人，少敏辩，有盛名，士大夫多附之。及议乐，夔与妥各有所持；诏百僚署其所同，百僚以威故，同夔者什八九。妥恚曰：『吾席间函丈四十余年，①反为昨暮儿之所屈邪！』遂奏：『威与礼部尚书卢恺、吏部侍郎薛道衡、尚书右丞王弘、考功侍郎李同和等共为朋党。②省中呼弘为世子，同和为叔，言二人如威之子弟也。』复言威以曲道任其从父弟彻、肃罔冒为官等数事。上命蜀王秀、上柱国虞庆则等杂案之，事颇有状。上大怒。秋，七月，乙巳，威坐免官爵，以开府仪同三司就第；卢恺除名，知名之士坐威得罪者百馀人。

初，周室以来，选无清浊；及恺摄吏部，与薛道衡等甄别士流，故涉朋党之谤，以至得罪。未几，上曰：『苏威德行者，但为人所误耳！』命之通籍。威好立条章，每岁责民间五品不逊，③或答云：『管内无五品之家。』其不相应领，类多如此。又为馀粮簿，欲使有无相赡；民部侍郎郎茂以为烦迂不急，④皆奏罢之。茂，基之子也，尝为卫国令。⑤有民张元预兄弟不睦，丞、尉请加严刑，茂曰：『元预兄弟本相憎疾，又坐得罪，弥益其仇，非化民之意也。』乃徐谕之以义。元预等各感悔，顿首请罪，遂相亲睦，称为友悌。

己巳，上享太庙。

壬申晦，日有食之。

帝以天下用律者多踳驳，罪同论异，八月，甲戌，制：诸州死罪，不得辄决，悉移大理按覆，事尽，然后上省奏裁。』

冬，十月，壬午，上享太庙。十一月，辛亥，祀南郊。

己未，新义公韩擒虎卒。

十二月，乙酉，以内史令杨素为尚书右仆射，与高颎专掌朝政。素性疏辩，高下在心，朝臣之内，颇推高颎，敬牛弘，厚接薛道衡，视苏威蔑如也，自馀朝贵，多被陵轹。⑥其才艺风调优于颎；至于推诚体国，处物平当，有宰相识度，不如颎远矣。

右领军大将军贺若弼，自谓功名出朝臣之右，每以宰相自许。既而杨素为仆射，弼仍为将军，甚不平，形于言色，由是坐免官，怨望愈甚。久之，上下弼狱，谓之曰：『我以高颎、杨素为宰相，汝每昌言曰：「此二人惟堪啖饭耳！」是何意也？』弼曰：『颎，臣之故人；素，臣舅子。臣并知其为人，诚有此语。』公卿奏弼怨望，罪当死。上曰：『臣下守法不移，公可自求活理。』弼曰：『臣恃至尊威灵，将八千兵渡江，擒陈叔宝，窃以此望活。』上曰：『此已格外重赏，何用追论！』弼曰：『臣已蒙格外重赏，今还格外望活。』既而上低回者数日，惜其功，特令除名。岁余，复其爵位，上亦忌之，不复任使，然每宴赐，遇之甚厚。

有司上言：『府藏皆满，无所容，积于廊庑。』帝曰：『朕既薄赋于民，又大经赐用，何得尔也？』对曰：『入者常多于出，略计每年赐用，至数百万段，曾无减省。』于是更辟左藏院以受之。诏曰：『宁积于人，无藏府库。河北、河东今年田租三分减一，⑦兵减半功，调全免。』时天下户口岁增，京辅及三河地少而人众，⑧衣食不给，帝乃发使四出，均天下之田，其狭乡每丁才至二十亩，老少又少焉。

【注释】

①席间函丈：指当博士。②礼部尚书：礼部长官。掌礼仪、祭享、贡举等职。吏部侍郎：吏部副长官。尚书右丞：隋唐制，尚书省属官有左右丞、左右司郎中、员外郎，负责都省职事，总领六部。考功侍郎：吏部考功司长官。③五品：指五伦。即父、母、兄、弟、子尊卑之。④民部侍郎：民部副长官。掌土地、户籍、赋税、财政收支等事务。⑤卫国：县名。今山东章丘县西南。⑥轹：欺凌。⑦河北：泛指黄河以北地区。河东：指今山西省地区。⑧京辅：指都城长安地区。三河：指洛阳。

十三年 春，正月，壬子，上祀感生帝。①

壬戌，行幸岐州。

二月，丙午，诏营仁寿宫于岐州之北，②使杨素监之。素奏前莱州刺史宇文恺检校将作大匠，③记室封德彝为土木监。于是夷山堙谷以立宫殿，崇台累榭，宛转相属。役使严急，丁夫多死，疲屯颠仆，推填坑坎，覆以土石，因而筑为平地。死者以万数。

丁亥，上至自岐州。

己卯，立皇孙暕为豫章王。暕，广之子也。

丁酉，制：『私家不得藏纬侯、图谶。』

秋，七月，戊辰晦，日有食之。

是岁，上命礼部尚书牛弘等议明堂制度。④宇文恺献明堂木样，上命有司规度安业里地，将立之；而诸儒异议，久之不决，乃罢之。

上之灭陈也，以陈叔宝屏风赐突厥大义公主。公主以其宗国之覆，心常不平，书屏风，为诗叙陈亡以自寄。上闻而恶之，礼赐渐薄。彭公刘昶先尚周公主，流人杨钦亡入突厥，诈言昶欲与其妻作乱攻隋，遣钦来密告大义公主，发兵扰边。都蓝可汗信之，乃不修职贡，颇为边患。上遣车骑将军长孙晟使于突厥，微观察之。公主见晟，言辞不逊，又遣所私胡人安遂迦与杨钦计议，扇惑都蓝。晟至京师，具以状闻。上遣晟往索钦；都蓝不与，曰：『检校客内无此色人。』晟乃赂其达官，知钦所在。夜，掩获之，以示都蓝，因发公主私事，国人大以为耻。都蓝执安遂迦等，并以付晟。上大喜，加授开府仪同三司，仍遣入突厥废公主。内史侍郎裴矩请说都蓝使杀公主。⑤时处罗侯之子染干，号突利可汗，居北方，遣使求婚，上使裴矩谓之曰：『当杀大义公主，乃许婚。』突利复谮之于都蓝，都蓝因发怒，杀公主，更表请婚，朝议将许之。长孙晟曰：『臣观雍虞闾反覆无信，直以与玷厥有隙，所以欲依倚国家，虽与为婚，终当叛去。今若得尚公主，承藉威灵，玷厥、染干必受其征发。强而更反，后恐难图。且染干者，处罗侯之子，素有诚款，于今两代，前乞通婚，不如许之，招令南徙，兵少力弱，易可抚驯，使敌雍虞闾以为边捍。』上曰：『善。』复遣晟慰谕染干，许尚公主。

牛弘使协律郎范阳祖孝孙等参定雅乐，⑥从陈阳山太守毛爽受京房律法，布管飞灰，顺月皆验。又每律生五音，十二律为六十音，因而六之，为三百六十音，分直一岁之日以配七音，而旋相为宫之法，由是著名。弘等乃奏下请复用旋宫法，上犹记何妥之言，注弘奏下，不听作旋宫，但用黄钟一宫。于是弘等复为奏，附顺上意，其前代金石并销毁之，以息异议。弘等又作武舞，以象隋之功德；郊庙飨用一调，迎气用五调。旧工稍尽，其余声律，皆不复通。

【注释】

①感生帝：隋以火德称王称帝，以赤帝赤熛怒为感生帝。②仁寿宫：今陕西麟游县西。③检校将作大匠：官名。隋制，未除授正官而领其务者为检校官。将作大匠，掌土木营建。④明堂：古代帝王宣明政教的地方。⑤内史侍郎：官名。隋改中书省为内史省，长官为内史令，副长官为内史侍郎。负责秉承皇帝旨意起草诏敕。⑥协律郎：官名。隋制，太常寺有协律郎二人，掌管指挥节乐，协和律吕，监试乐人典课。

十四年 春，三月，乐成。夏，四月，乙丑，诏行新乐，且曰：『民间音乐，流僻日久，弃其旧体，竞造繁声，宜加禁约，务存其本。』万宝常听太常所奏乐，泫然泣曰：『乐声淫厉而哀，天下不久将尽！』时四海全盛，闻者皆谓不然；大业之末，其言卒验。宝常贫而无子，久之，竟饿死。且死，悉取其书烧之，[1]曰：『用此何为！』

先是，台、省、府、寺及诸州皆置公廨钱，收息取给。工部尚书苏孝慈以为『官司出举兴生，烦扰百姓，败损风俗，请皆禁止，给地以营农。』上从之。六月，丁卯，始诏『公卿以下皆给职田，毋得治生，与民争利。』

秋，七月，乙未，以邳公苏威为纳言。

初，张宾历既行，广平刘孝孙及冀州秀才刘焯并言其失。宾方有宠于上，刘晖附会之，共短孝孙等，斥罢之。后宾卒，孝孙为掖县丞，委官入京，上其事，诏留直太史，[2]累年不调，乃抱其书，使弟子舆榇来诣阙下，伏而恸哭；执法拘而奏之。帝异焉，以问国子祭酒何妥，妥言其善。乃遣与宾历比较短长。直太史勃海张胄玄与孝孙共短宾历，异论锋起，久之不定。上令参问日食事，杨素等奏：『太史凡奏日食二十有五，[3]率皆无验，胄玄所刻，前后妙中，孝孙所刻，验亦过半。』于是上引孝孙、胄玄等亲自劳徕。孝孙请先斩刘晖，乃可定历，帝不怿，又罢之。孝孙寻卒。

关中大旱，民饥，上遣左右视民食，得豆屑杂糠以献。上流涕以示群臣，深自咎责，为之不御酒肉者，殆将一期。八月，辛未，上帅民就食于洛阳，敕斥候不得辄有驱逼。男女参厕于仗卫之间，遇扶老携幼者，辄引马避之，慰勉而去。至艰险之处，见负担者，令左右扶助之。

冬，闰十月，甲寅，诏以齐、梁、陈宗祀废绝，命高仁英、萧琮、陈叔宝以时修祭，所须器物，有司给之。陈叔宝从帝登邙山，侍饮，赋诗曰：『日月光天德，山河壮帝居；太平无以报，愿上东封书。』并表请封禅。帝优诏答之。

它日，复侍宴，及出，帝目之曰：『此败岂不由酒！以作诗之功，何如思安时事！当贺若弼渡京口，彼人密启告急，叔宝饮酒，遂不之省。高颎至日，犹见启在床下，未开封。此诚可笑，盖天亡之也。昔苻氏征伐所得国，皆荣贵其主，苟欲求名，不知违天命；与之官，乃违天也。』

齐州刺史卢贲坐民饥闭民粜，除名。帝后复欲授以一州，贲对诏失旨，又有怨言，帝大怒，遂不用。皇太子为言：『此辈并有佐命功，虽性行轻险，诚不可弃。』帝曰：『我抑屈之，全其命也。微刘昉、郑译、卢贲、柳裘、皇甫绩等，则我不至此。然此等皆反覆子也，当周宣帝时，以无赖得幸。及帝大渐，颜之仪等请以赵王辅政，此辈行诈，顾命于我。我将为政，又欲乱之，故昉谋大逆，译为巫蛊。如贲之例，皆不满志，任之则不逊，置之则怨望，自为难信，非我弃之。众人见此，谓我薄于功臣，斯不然矣。』贲遂废，卒于家。

晋王广帅百官抗表，固请封禅。帝令牛弘等创定仪注，既成，帝视之，曰：『兹事体大，朕何德以堪之！但当东巡，因致祭泰山耳。』十二月，乙未，车驾东巡。

上好禨祥小数，上仪同三司萧吉上书曰：『甲寅、乙卯，天地之合也。今兹甲寅之年，以辛酉朔旦冬至，来年乙卯，以甲子夏至。冬至阳始，郊天之日，即至尊本命；夏至阴始，祀地之辰，即皇后本命。至尊德并乾之覆育，皇后仁同地之载养，所以二仪元气并会本辰。』上大悦，赐物五百段。吉，懿之孙也。员外散骑侍郎王劭言上有龙颜戴干之表，[4]指示群臣。上悦，拜著作郎。[5]劭前后上表言上受命符瑞甚众，又采民间歌谣，引图书谶纬，捃摭佛经，[6]回易文字，曲加诬饰，撰《皇隋灵感志》三十卷奏之，上令宣示天下。劭集诸州朝集，使盥手焚香，而读之，[7]曲折其声，有如歌咏，经涉旬朔，遍而后罢。上益喜，前后赏赐优洽。

【注释】

①其书：万宝常撰《乐谱》六十四卷，详论八音旋相为宫、改弦移柱的方法，共八十四调，一百四十四律，一千八百声，按谱可以奏乐曲。②直太史：以他官入太史曹为直太史。③太史：官名。掌推算历法。④员外散骑侍郎：门下省属官。职掌监督政令。⑤著作郎：秘书省属官。掌编纂国史。⑥捃摭：摘取；搜集。⑦盥：洗。

十五年 春，正月，壬戌，车驾顿齐州。庚午，为坛于泰山，柴燎祀天，以岁旱谢愆咎，礼如南郊；又亲祀青帝坛。

赦天下。

二月，丙辰，收天下兵器，敢私造者坐之；关中、缘边不在其例。

三月，己未，至自东巡。

仁寿宫成。丁亥，上幸仁寿宫。时天暑，役夫死者相次于道，杨素悉焚除之。上闻之，不悦。及至，见制度壮丽，大怒曰：『杨素殚民力为离宫，为吾结怨天下。』素闻之，惶恐，虑获谴，以告封德彝。曰：『公勿忧，俟皇后至，必有恩诏。』明日，上果召素入对，独孤后劳之曰：『公知吾夫妇老，无以自娱，盛饰此宫，岂非忠孝！』赐钱百万，锦绢三千段。素负贵恃才，多所凌侮，唯赏重德彝，每引之与论宰相职务，终日忘倦，因抚其床曰：『封郎必当据吾此座。』屡荐于帝，帝擢为内史舍人。①

夏，四月，己丑朔，赦天下。

六月，戊子，诏凿底柱。②

庚寅，相州刺史豆卢通贡绫文布，命焚之于朝堂。

秋，七月，纳言苏威坐从祠太山不敬，免，俄而复位。上谓群臣曰：『世人言苏威诈清，家累金玉，此妄言也。然其性狠戾，不切世要，求名太甚，从己则悦，违之必怒，此其大病耳。』

戊寅，上至自仁寿宫。

冬，十月，戊子，以吏部尚书韦世康为荆州总管。世康，洸之弟也，和静谦恕，在吏部十馀年，时称廉平。常有止足之志，谓子弟曰：『禄岂须多，防满则退；年不待暮，有疾便辞。』因恳乞骸骨。帝不许，使镇荆州。时天下惟有四总管，并、扬、益、荆，以晋、秦、蜀三王及世康为之，当世以为荣。

十一月，辛酉，上幸温汤。

十二月，戊子，敕：『盗边粮一升已上，皆斩，仍籍没其家。』

己丑，诏文武官以四考受代。

汴州刺史令狐熙来朝，考绩为天下之最，赐帛三百匹，颁告天下。熙，整之子也。

十六年 春，正月，丁亥，以皇孙裕为平原王，筠为安成王，③嶷为安平王，④恪为襄城王，该为高阳王，韶为建安王，熲为颍川王，皆勇之子也。

夏，六月，甲午，初制工商不得仕进。

秋，八月，丙戌，诏：『决死罪者，三奏然后行刑。』

冬，十月，己丑，上幸长春宫；⑤十一月，壬子，还长安。

党项寇会州，⑥诏发陇西兵讨降之。

帝以光化公主妻吐谷浑可汗世伏；世伏上表请称公主为天后，上不许。

【注释】

①内史舍人：内史省属官。掌草拟政令。②底柱：即砥柱山。今河南陕县东北黄河中。③筠：即扬筠，隋文帝之孙。④熲：即杨熲，隋文帝之孙。⑤长春宫：今陕西省大荔县境。⑥会州：今四川茂汶羌族自治县西北。

十七年 春，二月，癸未，太平公史万岁击南宁羌，平之。初，梁睿之克王谦也，西南夷、獠莫不归附，唯南宁州酋帅爨震恃远不服。①睿上疏，以为：『南宁州，汉世牂柯之地，②户口殷众，金宝富饶。梁南宁州刺史徐文盛为湘东王征赴荆州，属东夏尚阻，未遑远略，土民爨瓒遂窃据一方，国家遥授刺史，其子震相承至今。而震臣礼多亏，贡赋不入，乞因平蜀之众，略定南宁。』其后南宁夷爨玩来降，拜昆州刺史，既而复叛。乃以左领军将军史万岁为行军总管，帅众击之，入自蜻蛉川，③至于南中。④夷人前后屯据要害，万岁皆击破之；过诸葛亮纪功碑，渡西洱河，⑤入渠滥川，行千馀里，破其三十馀部，虏获男女二万馀口。诸夷大惧，遣使请降，献明珠径寸，于是勒石颂美隋德。万岁请将爨玩入朝，诏许之。爨玩阴有二心，不欲诣阙，赂万岁以金宝，万岁于是舍玩而还。

庚寅，上幸仁寿宫。⑥

桂州俚帅李光仕作乱，⑦帝遣上柱国王世积与前桂州总管周法尚讨之，法尚发岭南兵，世积发岭北兵，俱会尹州。⑧世积所部遇瘴，不能进，顿于衡州，⑨法尚独讨之。光仕战败，帅劲兵走保白石洞。⑩法尚大获家口，其党有来降者，辄以妻子还之。居旬日，降者数千人。光仕众溃而走，追斩之。

帝又遣员外散骑侍郎何稠募兵讨光仕，稠谕降其党莫崇等，承制署首领为州县官。稠，妥之兄子也。

上以岭南夷、越数反，以汴州刺史令狐熙为桂州总管十七州诸军事，许以便宜从事，刺史以下官得承制补授。熙至部，大弘恩信，其溪洞渠帅更相谓曰：『前时总管皆以兵威相胁，今者乃以手教相谕，我辈其可违乎！』于是相帅归附。先是州县生梗，长吏多不得之官，寄政于总管府。熙悉遣之，为建城邑，开设学校，华、夷感化焉。俚帅宁猛力，在陈世已据南海，⑪隋因而抚之，拜安州刺史。猛力恃险骄倨，未尝参谒。熙谕以恩信，猛力感之，诣府请谒，不敢为非。熙奏改安州为钦州。⑫

【注释】

①爨震：人名。魏晋南北朝时，居住在今云南东部地区的爨氏大姓演变成一个民族，晋宋至隋唐，爨氏分为东西二部：西爨以白蛮为主，后称为白爨；东爨以乌蛮为主，后称为黑爨。②牂柯：郡名，今贵州凯里西北。③蜻蛉川：水名。今云南大姚、姚安县境龙川江支流苴宁河及其上源青蛉河。④南中：地区名。今四川南部及云南、贵州地区。⑤西洱河：今云南西部洱海。渠滥川：水名。今云南普宁县境。⑥仁寿宫：今陕西省麟游县境。⑦桂州：今广西桂林市。⑧尹州：今广西贵县东南郁江南岸。⑨衡州：今广东英德县。⑩白石洞：今广西桂平县南。⑪南海：今广东广州市。⑫安州：今广西钦州市。

帝以所在属官不敬惮其上，事难克举，三月，丙辰，诏『诸司论属官罪，有律轻情重者，听于律外斟酌决杖。』于是上下相驱，迭行捶楚，以残暴为干能，以守法为懦弱。

帝以盗贼繁多，命盗一钱以上皆弃市，或三人共盗一瓜，事发即死。于是行旅皆晏起早宿，天下懔懔。有数人劫执事而谓之曰：『吾岂求财者邪！但为枉人来耳。而为我奏至尊：自古以来，体国立法，未有盗一钱而死者也。而不为我以闻，吾更来，而属无类矣！』帝闻之，为停此法。

帝尝乘怒，欲以六月杖杀人，大理少卿河东赵绰固争曰①：『季夏之月，天地成长庶类，不可以此时诛杀。』帝报曰：『六月虽曰生长，此时必有雷霆；我则天而行，有何不可！』遂杀之。

大理掌固来旷上言大理官司太宽，②帝以旷为忠直，遣每旦于五品行中参见。旷又告少卿赵绰滥免徒囚，帝使信臣推验，初无阿曲，帝怒，命斩之。绰固争，以为旷不合死，帝拂衣入阁。绰矫言，『臣更不理旷，自有它事，未及奏闻。』帝命引入阁，绰再拜请曰：『臣有死罪三，臣为大理少卿，不能制驭掌固，使旷触挂天刑，一也。囚不合死，而臣不能死争，二也。臣本无它事，而妄言求入，三也。』帝解颜。会独孤后在坐，命赐绰二金杯酒，并杯赐之。旷因免死，徙广州。

萧摩诃子世略在江南作乱，摩诃当从坐，上曰：『世略年未二十，亦何能为？以其名将之子，为人所逼耳。』因赦摩诃。绰固谏不可，上不能夺，欲绰去而赦之，因命绰退食。绰曰：『臣奏狱未决，不敢退。』上曰：『大理其为朕特舍摩诃也。』因命左右释之。

刑部侍郎辛亶尝衣绯裈，[3]俗云利官，上以为厌蛊，将斩之。绰曰：『法不当死，臣不敢奉诏。』上怒甚，曰：『卿惜辛亶而不自惜也！』命引绰斩之。绰曰：『陛下宁杀臣，不可杀辛亶。』至朝堂，解衣当斩，上使人谓绰曰：『竟何如？』对曰：『执法一心，不敢惜死！』上拂衣而入，良久，乃释之。明日谢绰，劳勉之，赐物三百段。

时上禁行恶钱，有二人在市，以恶钱易好者，武候执以闻，[4]上令悉斩之，绰进谏曰：『此人所坐当杖，杀之非法。』上曰：『不关卿事。』绰曰：『陛下不以臣愚暗，置在法司，欲妄杀人，岂得不关臣事！』上曰：『撼大木，不动者当退。』对曰：『臣望感天心，何论动木。』上复曰：『啜羹者热则置之，[5]天子之威，欲相挫邪！』绰拜而益前，诃之，不肯退，上遂入。治书侍御史柳彧复上奏切谏，[6]上乃止。

上以绰有诚直之心，每引入阁中，或遇上与皇后同榻，即呼绰坐，评论得失，前后赏赐万计。与大理卿薛胄同时，[7]俱名平恕；然胄断狱以情而绰守法，俱为称职。胄，端之子也。

帝晚节用法益峻，御史于元日不劾武官衣剑之不齐者，帝曰：『尔为御史，纵舍自由。』命杀之，谏议大夫毛思祖谏，[8]又杀之。将作寺丞以课麦麹迟晚，[9]武库令以署庭荒芜，[10]左右出使，或授牧宰马鞭、鹦鹉，帝察知，并亲临斩之。

帝既喜怒不恒，不复依准科律。信任杨素，素复任情不平，与鸿胪少卿陈延有隙，[11]尝经蕃客馆，庭中以马屎，又众仆于毡上樗蒲，[12]以白帝。帝大怒，主客令及樗蒲者皆杖杀之，[13]棰陈延几死。

帝遣新卫大都督长安屈突通往陇西检覆群牧，[14]得隐匿马二万馀匹，帝大怒，将斩太仆卿慕容悉达及诸监官千五百人。[15]通谏曰：『人命至重，陛下奈何以畜产之故杀千有馀人！臣敢以死请！』帝瞋目叱之，通又顿首曰：『臣一身分死，就陛下丐千馀人命。』帝感寤，曰：『朕之不明，以至于此！赖有卿忠言耳。』于是悉达等皆减死论，擢通为左武候将军。⑯

上柱国彭公刘昶与帝有旧，帝甚亲之；其子居士，任侠不遵法度，数有罪，上以昶故，每原之。居士转骄恣，取公卿子弟雄健者，辄将至家，以车轮括其颈而棒之，殆死能不屈者，称为壮士，释而与交。党与三百人，殴击路人，多所侵夺，至于公卿妃主，莫敢与校。或告居士谋为不轨，帝怒，斩之，公卿子弟坐居士除名者甚众。

杨素、牛弘等复荐张胄玄历术。上令杨素与术数人立议六十一事，皆旧法久难通者，令刘晖等与胄玄等辩析之。晖杜口一无所答，胄玄通者五十四，上乃拜胄玄员外散骑侍郎兼太史令，赐物千段，令参定新术。至是，胄玄历成。夏，四月，戊寅，诏颁新历；前造历者刘晖等四人并除名。

秋，七月，桂州人李世贤反，上议讨之。诸将数人请行，上不许，顾右武候大将军虞庆则曰：『位居宰相，爵乃上公，国家有贼，遂无行意，何也？』庆则拜谢，恐惧，乃以庆则为桂州道行军总管，讨平之。

秦王俊，幼仁恕，喜佛教，尝请为沙门，不许。及为并州总管，渐好奢侈，违越制度，盛治宫室。俊好内，其妃崔氏，弘度之妹也，性妒，于瓜中进毒，由是得疾，征还京师。上以为奢纵，丁亥，免俊官，以王就第。崔妃以毒王，废绝，赐死于家。左武卫将军刘升谏曰：『秦王非有它过，但费官物，营廨舍而已，臣谓可容。』上曰：『法不可违。』杨素谏曰：『秦王之过，不应至此，愿陛下详之！』上曰：『我是五儿之父，⑰非兆民炎父？若如公意，何不别制天子儿律！以周公之为人，尚诛管、蔡，我诚不及周公远矣，安能亏法乎！』卒不许。

戊戌，突厥突利可汗来逆女，上舍之太常，教习六礼，妻以宗女安义公主。上欲离间都蓝，故特厚其礼，遣太常卿牛弘、纳言苏威、民部尚书斛律孝卿相继为使。

突利本居北方，既尚主，长孙晟说其帅众南徙，居度斤旧镇，⑱锡赉优厚。都蓝怒曰：『我，大可汗也，反不如染干！』于是朝贡遂绝，亟来抄掠边鄙。突利伺知动静，辄遣奏闻，由是边鄙每先有备。

九月，甲申，上至自仁寿宫。

何稠之自岭南还也，宁猛力请随稠入朝。稠见其疾笃，遣还钦州，与之约曰：『八九月间，可诣京师相见。』使还，奏状，上意不怿。冬，十月，猛力病卒。上谓稠曰：『汝前不将猛力来，今竟死矣！』稠曰：『猛力与臣约，假令身死，当遣子入侍。越人性直，其子必来。』猛力临终，果戒其子长真曰：『我与大使约，不可失信，汝葬我毕，即宜登路。』长真嗣为刺史，如言入朝。上大悦曰：『何稠著信蛮夷，乃至于此！』

鲁公虞庆则之讨李世贤也，以妇弟赵什住为随府长史。什住通于庆则爱妾，恐事泄，乃宣言庆则不欲此行，上闻之，礼赐甚薄。庆则还，至潭州临桂岭，⑲观眺山川形势，曰：『此诚险固，加以足粮，若守得其人，攻不可拔。』使什住驰诣京师奏事，观上颜色，什住因告庆则谋反，下有司案验。十二月，壬子，庆则坐死，拜什住为柱国。

高丽王汤闻陈亡，⑳大惧，治兵积谷，为拒守之策。是岁，上赐汤玺书，责以『虽称藩附，诚节未尽』。且曰：『彼之一方，虽地狭人少，今若黜王，不可虚置，终须更选官属，就彼安抚。王若洒心易行，率由宪章，即是朕之良臣，何劳别遣才彦！王谓辽水之广，何如长江？高丽之人，多少陈国？朕若不存含育，责王前愆，命一将军，何待多力！殷勤晓示，许王自新耳。』汤得书，惶恐，将奉表陈谢。会病卒，子元嗣立，上使使拜元为上开府仪同三司，袭爵辽东公。元奉表谢恩，因请封王，上许之。

吐谷浑大乱，国人杀世伏，立其弟伏允为主，遣使陈废立之事，并谢专命之罪，且请依俗尚主；上从之。自是朝贡岁至。

【注释】

①大理少卿：官名。大理寺副长官。掌刑狱。②大理掌固：官名。大理寺属官。隋制，省、台、寺、监都有掌固。掌固，同『掌故』。掌制度典故。③刑部侍郎：官名。刑部副长官。掌管国家法律、刑狱事务。裈：有裆的裤子，以别于无裆的套裤而言。④武候：官名。左右武候将军属官。职掌昼夜巡察，拘捕作奸违法者。⑤啜：喝；吃。⑥治书侍御史：官名，御史台属官。掌律令监察。⑦大理卿：官名。大理寺长官。⑧谏议大夫：官名。掌侍从规谏。隋制门下省置谏议大夫七人。⑨将作寺丞：官名。将作寺属官。掌土木营建。⑩武库令：官名。卫尉寺属官。管理军械库。⑪鸿胪少卿：官名。鸿胪寺副长官。掌接待少数民族事务。⑫樗蒲：古代博戏名。晋代尤为盛行。以掷骰决胜负，得采有卢、雉、犊、白等称。后樗蒲成为赌博的泛称。⑬主客令：官名。鸿胪寺属官。⑭亲卫大都督：官名。隋制有左右亲卫、左右勋卫、左右翊卫等禁卫军，有大都督、帅都督、都督等官。⑮太仆卿：官名。太仆寺长官。掌管皇帝的舆马和马政。⑯左武候将军：官名。十二禁卫军首领之一。⑰五儿之父：隋文帝有五个儿子：太子杨勇、

晋王杨广、秦王杨俊、蜀王杨秀、汉王杨谅。⑱度斤：即都斤山。蒙古共和国境内杭爱山。⑲潭州：今湖南长沙市。⑳高丽：古国名。隋时，朝鲜半岛上有高丽、白济、新罗三国。其中高丽最强。

十八年　春，二月，甲辰，上幸仁寿宫。

高丽王元帅靺鞨之众万余寇辽西，[1]营州总管冲击韦走之。上闻而大怒，乙巳，以汉王谅、王世积并为行军元帅，将水陆三十万伐高丽，以尚书左仆射高颎为汉王长史，周罗睺为水军总管。

延州刺史独孤陀有婢曰徐阿尼，事猫鬼，能使之杀人，云每杀人，则死家财物潜移于畜猫鬼家。会独孤后及杨素妻郑氏俱有疾，医皆曰：『猫鬼疾也。』上以陀，后之异母弟，陀妻，杨素异母妹，由是意陀所为。令高颎等杂治之，具得其实。上怒，令以犊车载陀夫妻，将赐死。独孤后三日不食，为之请命曰：『陀若蠹政害民者，妾不敢言；今坐为妾身，敢请其命。』陀弟司勋侍郎整诣阙求哀，[2]于是免陀死，除名为民，以其妻杨氏为尼。先是，有人讼其母为猫鬼所杀者，上以为妖妄，怒而遣之。至是，诏诛被讼行猫鬼家。

夏，四月，辛亥，诏：『畜猫鬼、蛊毒、厌媚野道之家，并投于四裔。』

六月，丙寅，下诏黜高丽王元官爵。汉王谅军出临渝关，[3]值水潦，馈运不继，军中乏食，复遇疾疫。周罗睺自东莱泛海趣平壤城，[4]亦遭风，船多飘没。秋，九月，己丑，师还，死者什八九。高丽王元亦惶惧遣使谢罪，上表称『辽东粪土臣元』，上于是罢兵，待之如初。

百济王昌遣使奉表，请为军导，帝下诏谕以『高丽服罪，朕已赦之，不可致伐。』厚其使而遣之。高丽颇知其事，以兵侵掠其境。

辛卯，上至自仁寿宫。

冬，十一月，癸未，上祀南郊。

十二月，自京师至仁寿宫，置行宫十有二所。

南宁夷爨玩复反。蜀王秀奏『史万岁受赂纵贼，致生边患。』上责万岁，万岁诋谰；上怒，命斩之。高颎及左卫大将军元旻等固请曰：『万岁雄略过人，将士乐为致力，虽古名将，未能过也。』上意少解，于是除名为民。

【注释】①靺鞨：古民族名。隋唐时分布在松花江、牡丹江流域及黑龙江下游。②司勋侍郎：官名。吏部勋赏司之长。③临渝关：今河北抚宁县东榆关镇。④东莱：今山东掖县。

十九年春，正月，癸酉，赦天下。

二月，甲寅，上幸仁寿宫。

突厥突利可汗因长孙晟奏言都蓝可汗作攻具，欲攻大同城。[1]诏以汉王谅为元帅，尚书左仆射高颎出朔州道，右仆射杨素出灵州道，上柱国燕荣出幽州道以击都蓝，皆取汉王节度；然汉王竟不临戎。

都蓝闻之，与达头可汗结盟，合兵掩袭突利，大战长城下，突利大败。都蓝尽杀其兄弟子侄，遂渡河入蔚州。[2]突利部落散亡，夜，与长孙晟以五骑南走，比旦，行百馀里，收得数百骑。突利与其下谋曰：『今兵败入朝，一降人耳，大隋天子岂礼我乎！玷厥虽来，本无冤隙，若往投之，必相存济。』晟知之，密遣使者入伏远镇，[3]令速举烽。突利见四烽俱发，以问晟，晟给之曰：『城高地迥，必遥见贼来。我国家法，若贼少，举二烽；来多，举三烽；大逼，举四烽。彼见贼多而又近耳。』突利大惧，谓其众曰：『追兵已逼，且可投城。』既入镇，晟留其达官执室领其众，自将突利驰驿入朝。夏，四月，丁酉，突利至长安。帝大喜，以晟为左勋卫骠骑将军，持节护突厥。

上令突利与都蓝使者因头特勒相辩诘，突利辞直，上乃厚待之。都蓝弟都速六弃其妻子，与突利归朝，上嘉之，使突利多遗之珍宝以慰其心。

高颎使上柱国赵仲卿将兵三千为前锋，至族蠡山，[4]与突厥遇，交战七日，大破之；追奔至乞伏泊，[5]复破之，虏千馀口，杂畜万计。突厥复大举而至，仲卿为方陈，四面拒战，凡五日。会高颎大兵至，合击之，突厥败走，追度白道，[6]逾秦山七百馀里而还。[7]杨素军与达头遇。先是诸将与突厥战，虑其骑兵奔突，皆以戎车步骑相参，设鹿角为方陈，骑在其内。素曰：『此乃自固之道，未足以取胜也。』于是悉除旧法，令诸军为骑陈。达头闻之，大喜曰：『天赐我也！』下马仰天而拜，帅骑兵十馀万直前。上仪同三司周罗睺曰：『贼陈未整，请击之。』先帅精骑逆战，素以大兵继之，突厥大败，达头被重创而遁，杀伤不可胜计，其众号哭而去。

【注释】①大同城：今内蒙古乌拉特前旗东北。②蔚州：今山西灵丘县。③伏远镇：地址不详。④族蠡山：地址不详。⑤乞伏泊：今内蒙古察哈尔右翼前旗东北黄旗海。⑥白道：今内蒙古呼和浩特市北。⑦秦山：今内蒙古黄河东北大青山。

六月，丁酉，以豫章王暕为内史令。

宜阳公王世积为凉州总管，其亲信安定皇甫孝谐有罪，吏捕之，亡抵世积，世积不纳。孝谐配防桂州，因上变，称『世积尝令道人相其贵不，道人答曰：「公当为国主。」又将之凉州。』其所亲谓世积曰：「河西天下精兵处，①可图大事。」世积曰：「凉州土旷人希，非用武之国。」』世积坐诛，拜孝谐上大将军。

独孤后性妬忌，后宫莫敢进御。尉迟迥女孙，有美色，先没宫中。上于仁寿宫见而悦之，因得幸。后伺上听朝，阴杀之。上由是大怒，单骑从苑中出，不由径路，入山谷间二十馀里。高颎、杨素等追及上，扣马苦谏。上太息曰：『吾贵为天子，不得自由！』高颎曰：『陛下岂以一妇人而轻天下！』上意少解，驻马良久，中夜方还宫。后俟上于阁内，及至，后流涕拜谢，颎、素等和解之，因置酒极欢。先是后以高颎父之家客，②甚见亲礼，至是，闻颎谓己为一妇人，遂衔之。

时太子勇失爱于上，潜有废立之志，从容谓颎曰：『有神告晋王妃，言王必有天下，若之何？』颎长跪曰：『长幼有序，其可废乎！』上默然而止。独孤后知颎不可夺，阴欲去之。

会上令选东宫卫士以入上台，颎奏称：『若尽取强者，恐东宫宿卫太劣。』上作色曰：『我有时出入，宿卫须得勇毅。太子毓德东宫，左右何须壮士！此极弊法。如我意者，恒于交番之日，分向东宫，上下团伍不别，岂非佳事！我熟见前代，公不须仍踵旧风。』颎子表仁，娶太子女，故上以此言防之。

颎夫人卒，独孤后言于上曰：『高仆射老矣，而丧夫人，陛下何能不为之娶！』上以后言告颎。颎流涕谢曰：『臣今已老，退朝，唯斋居读佛经而已。虽陛下垂哀之深，至于纳室，非臣所愿。』上乃止。既而颎爱妾生男，上闻之，极喜，后甚不悦。上问其故，后曰：『陛下尚复信高颎邪？始，陛下欲为颎娶，颎心存爱妾，面欺陛下。今其诈已见，安得信之！』上由是疏颎。

伐辽之役，颎固谏，不从，及师无功，后言于上曰：『颎初不欲行，陛下强遣之，妾固知其无功矣！』又，上以汉王年少，专委军事于颎，颎以任寄隆重，每怀至公，无自疑之意，谅所言多不用。谅甚衔之，及还，泣言于后曰：『儿幸免高颎所杀。』上闻之，弥不平。

及击突厥，出白道，进图入碛，遣使请兵，近臣缘此言颎欲反。上未有所答，颎已破突厥而还。及王世积诛，推核之际，有宫禁中事，云于颎处得之，上大惊。有司又奏『颎及左右卫大将军元旻、元胄，并与世积交通，受其名马之赠。』旻、胄坐免官。上柱国贺若弼、吴州总管宇文弼、刑部尚书薛胄、民部尚书斛律孝卿、兵部尚书柳述等明颎无罪，上愈怒，皆以属吏，自是朝臣无敢言者。秋，八月，癸卯，颎坐免上柱国、左仆射，以齐公就第。

未几，上幸秦王俊第，召颎侍宴。颎歔欷悲不自胜，独孤后亦对之泣。上谓颎曰：『朕不负公，公自负也。』因谓侍臣曰：『我于高颎，胜于儿子，虽或不见，常似目前。自其解落，瞑然忘之，如本无高颎。人臣不可以身要君，自云第一也。』

顷之，颎国令上颎阴事，[3]称其子表仁谓颎曰：『司马仲达初托疾不朝，遂有天下。公今遇此，焉知非福！』于是上大怒，囚颎于内史省而鞫之。[4]宪司复奏沙门真觉尝谓颎云：『明年国有大丧。』尼令晖复云：『十七、十八年，皇帝有大厄，十九年不可过。』上闻而益怒，顾谓群臣曰：『帝王岂可力求！孔子以大圣之才，犹不得天下。颎与子言，自比晋帝，此何心乎！』有司请斩之。上曰：『去年杀虞庆则，今兹斩王世积，如更诛颎，天下其谓我何！』于是除名为民。

颎初为仆射，其母戒之曰：『汝富贵已极，但有一斫头耳，尔其慎之！』颎由是常恐祸变。至是，颎欢然无恨色。

先是国子祭酒元善言于上曰：『杨素粗疏，苏威怯懦，元胄、元颎正似鸭耳。可以付社稷者，唯独高穎。』上初然之。及穎得罪，上深责之，善忧惧而卒。

九月，以太常卿牛弘为吏部尚书。弘选举先德行而后文才，务在审慎，虽致停缓，其所进用，并多称职。吏部侍郎高孝基鉴赏机晤，清慎绝伦，然爽俊有徐，迹似轻薄，时宰多以此疑之；唯弘深识其真，推心任委。隋之选举得人，于斯为最，时论弥服弘识度之远。

冬，十月，甲午，以突厥突利可汗为意利珍豆启民可汗，华言意智健也。突厥归启民者男女万馀口，上命长孙晟将五万人于朔州筑大利城以处之。[5]时安义公主已卒，复使晟持节送宗女义成公主以妻之。晟奏：『染干部落，归者益众，虽在长城之内，犹被雍虞闾抄掠，不得宁居。请徙五原，[6]以河为固，于夏、胜两州之间，[7]东西至河，南北四百里，掘为横堑，令处其内，使得任情畜牧。』上从之。

又令上柱国赵仲卿屯兵二万为启民防达头，代州总管韩洪等将步骑一万镇恒安。[8]达头骑十万来寇，韩洪军大败，仲卿自乐宁镇邀击，[9]斩首虏千馀级。

帝遣越公杨素出灵州，[10]行军总管韩僧寿出庆州。太平公史万岁出燕州，大将军武威姚辩出河州，[11]以击都蓝。师未出塞，十二月，乙未，都蓝为部下所杀。达头自立为步迦可汗，其国大乱。长孙晟言于上曰：『今官军临境，战数有功，虏内自携离，其主被杀，乘此招抚，可以尽降。请遣染干部下分道招慰。』上从之。降者甚众。

【注释】

①河西：今甘肃、青海二省黄河以西，即河西走廊与湟水流域一带。②家客：高颎的父亲高宝，是独孤皇后之父独孤信的部属，独孤信被杀，独孤皇后因高宝是先父旧部，常到高家。③国令：官名。隋制，王国、公国都有令有尉。④内史省：即中书省，隋称内史省。内史省负责草拟政令。内史、门下、尚书三省长官同为宰相。⑤大利城：今内蒙和林格尔县西北土城子。⑥五原：今陕西省定边县。⑦夏：夏州。今陕西省横山县。胜：胜州。今内蒙古托克托县。⑧恒安：今山西省大同市。⑨乐宁镇：今内蒙古和林格尔县与察哈尔右翼前旗之间。⑩灵州：今宁夏灵武县。⑪庆州：今甘肃省庆阳县。河州：今甘肃临夏市。

高祖文皇帝中

开皇二十年　春，二月，熙州人李英林反。① 三月，辛卯，以扬州总管司马河内张衡为行军总管，帅步骑五万讨平之。

贺若弼复坐事下狱，上数之曰：『公有三太猛：嫉妒心太猛，自是、非人心太猛，无上心太猛。』既而释之。他日，上谓侍臣曰：『弼将伐陈，谓高颎曰：「陈叔宝可平也。不作高鸟尽、良弓藏邪？」颎云「必不然。」及平陈，遽索内史，又索仆射。我语颎曰：「功臣正宜授勋官，② 不可预朝政。」弼后语颎：「皇太子于己，出口入耳，无所不尽。公终久何必不得弼力，何脉脉邪！」意图广陵，又图荆州，皆作乱之地，意终不改也。』

夏，四月，壬戌，突厥达头可汗犯塞，诏命晋王广、杨素出灵武道，汉王谅、史万岁出马邑道以击之。③

长孙晟帅降人为秦州行军总管，受晋王节度。晟以突厥饮泉，易可行毒，因取诸药毒水上流，突厥人畜饮之多死，于是大惊曰：『天雨恶水，其亡我乎！』因夜遁。晟追之，斩首千馀级。

史万岁出塞，至大斤山，④ 与虏相遇。达头遣使问：『隋将为谁？』候骑报：『史万岁也。』突厥复问：『得非敦煌戍卒乎？』候骑曰：『是也。』达头惧而引去。万岁驰追百馀里，纵击，大破之，斩数千级；逐北，入碛数百里，虏远遁而还。诏遣长孙晟复还大利城，安抚新附。

达头复遣其弟子俟利伐从碛东攻启民，上又发兵助启民守要路；俟利伐退走入碛。启民上表陈谢曰：『大隋圣人可汗怜养百姓，如天无不覆，地无不载。染干如枯木更叶，枯骨更肉，千世万世，常为大隋典羊马也。』帝又遣赵仲卿为启民筑金河、定襄二城。

秦孝王俊久疾，未能起，遣使奉表陈谢。上谓其使者曰：『我戮力创兹大业，作训垂范，庶臣下守之。汝为吾子，而欲败之，不知何以责汝！』俊惭怖，疾遂笃，乃复拜俊上柱国；六月，丁丑，俊薨。上哭之，数声而止。俊所为侈丽之物，悉命焚之。王府僚佐请立碑，上曰：『欲求名，一卷史书足矣，何用碑为！若子孙不能保家，徒与人作镇石耳！』俊子浩，崔妃所生也；庶子曰湛。群臣希旨，奏称：『汉之栗姬子荣、郭后子强皆随母废，今秦王二子，母皆有罪，不合承嗣。』上从之，以秦国官为丧主。

【注释】①熙州：今安徽潜山县。②勋官：隋置上柱国至口巾都督共十一等勋官。③灵武道：今于夏灵武县。马邑道：今山西朔县。④大斤山：今内蒙古黄河东北大青山。

初，上使太子勇参决军国政事，时有损益，上皆纳之。勇性宽厚，率意任情，无矫饰之行。上性节俭，勇尝文饰蜀铠，上见而不悦，戒之曰：『自古帝王未有好奢侈而能久长者。汝为储后，当以俭约为先，乃能奉承宗庙。吾昔日衣服，各留一物，时复观之以自警戒。恐汝以今日皇太子之心忘昔时之事，故赐汝以我旧所带刀一枚，并菹酱一合，[1]汝昔作上士时常所食也。若存记前事，应知我心。』

后遇冬至，百官皆诣勇，勇张乐受贺。上知之，问朝臣曰：『近闻至日内外百官相帅朝东宫，此何礼也？』太常少卿辛亶对曰：『于东宫，乃贺也，不得言朝。』上曰：『贺者正可三数十人，随情各去，何乃有司征召，一时普集！太子法服设乐以待之，可乎？』因下诏曰：『礼有等差，君臣不杂。皇太子虽居上嗣，义兼臣子，而诸方岳牧正冬朝贺，任土作贡，别上东宫，事非典则，宜悉停断！』自是恩宠始衰，渐生猜阻。

勇多内宠，昭训云氏尤幸。[2]其妃元氏无宠，遇心疾，二日而薨，独孤后意有他故，甚责望勇。自是云昭训专内政，生长宁王俨、平原王裕、安成王筠；高良娣生安平王嶷、襄城王恪；王良媛生高阳王该、建安王韶；成姬生颍川王煚；后宫生孝实、孝范。后弥不平，颇遣人伺察，求勇过恶。

晋王广，弥自矫饰，唯与萧妃居处，后庭有子皆不育，后由是数称广贤。大臣用事者，广皆倾心与交。上及后每遣左右至广所，无贵贱，广必与萧妃迎门接引，为设美馔，申以厚礼；婢仆往来者，无不称其仁孝。上与后尝幸其第，广悉屏匿美姬于别室，唯留老丑者，衣以缦彩，给事左右；屏帐改用缣素；故绝乐器之弦，不令拂去尘埃。上见之，以为不好声色，还宫，以语侍臣，意甚喜。侍臣皆称庆，由是爱之特异诸子。

上密令善相者来和遍视诸子，对曰：『晋王眉上双骨隆起，贵不可言。』上又问上仪同三司韦鼎：『我诸儿谁得嗣位？』对曰：『至尊、皇后所最爱者当与之，非臣敢预知也。』上笑曰：『卿不肯显言邪！』

晋王广美姿仪，性敏慧，沉深严重；好学，善属文；敬接朝士，礼极卑屈；由是声名籍甚，冠于诸王。

广为扬州总管，入朝，将还镇，入宫辞后，伏地流涕，后亦泫然泣下。[3]广曰：『臣性识愚下，常守平生昆弟之意，不知何罪失爱东宫，恒蓄盛怒，欲加屠陷。每恐谗谮生于投杼，[4]鸩毒遇于杯勺，是用勤忧积念，惧履危亡。』后忿然曰：『睍地伐渐不可耐，[5]我为之娶元氏女，竟不以夫妇礼待之。专宠阿云，使有如许豚犬。前新妇遇毒而夭，我亦不能穷治，何故复于汝发如此意！我在尚尔，我死后，当鱼肉汝乎！每思东宫竟无正嫡，至尊千秋万岁之后，遣汝等兄弟向阿云儿前再拜问讯，此是几许苦痛邪！』广又拜，呜咽不能止，后亦悲不自胜。自是后决意欲废勇立广矣。

广与安州总管宇文述素善，欲述近己，奏为寿州刺史。广尤亲任总管司马张衡，衡为广画夺宗之策。广问计于述，述曰：『皇太子失爱已久，令德不闻于天下。大王仁孝著称，才能盖世，数经将领，频有大功；主上之与内宫，咸所钟爱，四海之望，实归大王。然废立者国家大事，处人父子骨肉之间，诚未易谋也。然能移主上意者，唯杨素耳，素所与谋者唯其弟约。述雅知约，请朝京师，与约相见，共图之。』广大悦，多赍金宝，资述入关。

约时为大理少卿，素凡有所为，皆先筹于约而后行之。述请约，盛陈器玩，与之酣畅，因而共博，每阳不胜，所赍金宝尽输之约。约所得既多，稍以谢述。述因曰：『此晋王之赐，令述与公为欢乐耳。』约大惊曰：『何为尔？』述因通广意，说之曰：『夫守正履道，固人臣之常致；反经合义，亦达者之令图。自古贤人君子，莫不与时消息以避祸患。公之兄弟，功名盖世，当途用事有年矣，朝臣为足下家所屈辱者，可胜数哉！又，储后以所欲不行，每切齿于执政；公虽自结于人主，而欲危公者固亦多矣！主上一旦弃群臣，公亦何以取庇！今皇太子失爱于皇后，主上素有废黜之心，此公所知也。今若请立晋王，在贤兄之口耳。诚能因此时建大功，王必永铭骨髓，斯则去累卵之危，成太山之安也。』约然之，因以白素。素闻之，大喜，抚掌曰：『吾之智思，殊不及此，赖汝启予。』约知其计行，复谓素曰：『今皇后之言，上无不用，宜因机会早自结托，则长保荣禄，传祚子孙。兄若迟疑，一旦有变，令太子用事，恐祸至无日矣！』素从之。

后数日，素入侍宴，微称『晋王孝悌恭俭，有类至尊』。用此揣后意。后泣曰：『公言是也！吾儿大孝爱，每闻至尊及我遣内使到，必迎于境首；言及违离，未尝不泣。又其新妇亦大可怜，我使婢去，常与之同寝共食。岂若睍地伐与阿云对坐，终日酣宴，昵近小人，疑阻骨肉！我所以益怜阿麽者，[6]常恐其潜杀之。』素既知后意，因盛言太子不才。后遂遗素金，使赞上废立。

勇颇知其谋，忧惧，计无所出，使新丰人王辅贤造诸厌胜；又于后园作庶人村，室屋卑陋，勇时于中寝息，布衣草褥，冀以当之。上知勇不自安，在仁寿宫，使杨素观勇所为。素至东宫，偃息未入，勇束带待之，素故久不进，以激怒勇；勇衔之，形于言色。素还言：『勇怨望，恐有他变，愿深防察！』上闻素谮毁，甚疑之。后又遣人伺觇东宫，纤介事皆闻奏，因加诬饰以成其罪。

上遂疏忌勇，乃于玄武门[7]达至德门量置候人，[8]以伺动静，皆随事奏闻。又，东宫宿卫之人，侍官以上，名籍悉令属诸卫府，有勇健者咸屏去之。出左卫率苏孝慈为淅州刺史，勇愈不悦。太史令袁充言于上曰：『臣观天文，皇太子当废。』上曰：『玄象久见，群臣不敢言耳。』充，君正之子也。

晋王广又令督王府军事姑臧段达私赂东宫幸臣姬威，[9]令伺太子动静，密告杨素；于是内外喧谤，过失日闻。段达因胁姬威曰：『东宫过失，主上皆知之矣。已奉密诏，定当废立；君能告之，则大富贵！』威许诺，即上书告之。

【注释】①菹：酢菜。②昭训：太子宫妃嫔称号。③泫然：伤心落泪的样子。④投杼：杼，织布的梭子。曾参的母亲正在织布，有人告诉她说：『曾参杀人』。她不相信。等到第三个人也如此告诉她时，她扔掉织布梭，翻墙逃走。⑤睍地伐：杨勇乳名。⑥阿麽：杨广乳名。⑦玄武门：隋大兴宫正北门。⑧至德门：大兴宫东北门。⑨督王府军事：官名。掌晋王府军务。

秋，九月，壬子，上至自仁寿宫。翌日，御大兴殿，谓侍臣曰：『我新还京师，应开怀欢乐；不知何意翻邑然愁苦！』吏部尚书牛弘对曰：『臣等不称职，故至尊忧劳。』上既数闻谮毁，疑朝臣悉知之，故于众中发问，冀闻太子之过。弘对既失旨，上因作色，谓东宫官属曰：『仁寿宫此去不远，而令我每还京师，严备仗卫，如入敌国。我为下利，不解衣卧。昨夜欲近厕，故在后房恐有警急，还移就前殿，岂非尔辈欲坏我家国邪！』于是执太子左庶子唐令则等数人付所司讯鞫，[1]命杨素陈东宫事状以告近臣。

素乃显言之曰：『臣奉敕向京，令皇太子检校刘居士余党。太子奉诏，作色奋厉，骨肉飞腾，语臣云：「居士党尽伏法，遣我何处穷讨！尔作右仆射，委寄不轻，自检校之，何关我事！」又云：「昔大事不遂，我先被诛，今作天子，竟乃令我不如诸弟，一事以上，不得自遂！」因长叹回视云：「我大觉身妨。」』上曰：『此儿不堪承嗣久矣，皇后恒劝我废之。我以布衣时所生，地复居长，望其渐改，隐忍至今。勇尝指皇后侍儿谓人曰：「是皆我物。」此言几许异事！其妇初亡，我深疑其遇毒，尝责之，勇即怼曰：「会杀元孝矩。」此欲害我而迁怒耳。长宁初生，②朕与皇后共抱养之，自怀彼此，连遣来索。且云定兴女，在外私合而生，想此由来，何必是其体胤！昔晋太子取屠家女，其儿即好屠割。③今倘非类，便乱宗祏。我虽德惭尧、舜，终不以万姓付不肖子！我恒畏其加害，如防大敌；今欲废之以安天下！』

左卫大将军五原公元旻谏曰：『废立大事，诏旨若行，后悔无及。谗言罔极，惟陛下察之。』

上不应，命姬威悉陈太子罪恶。威对曰：『太子由来与臣语，唯意在骄奢，且云：「若有谏者，正当斩之，不杀百许人，自然永息。」营起台殿，四时不辍。前苏孝慈解左卫率，太子奋髯扬肘曰：「大丈夫会当有一日，终不忘之，决当快意。」又宫内所须，尚书多执法不与，辄怒曰：「仆射以下，吾会戮一二人，使知慢我之祸。」每云：「至尊恶我多侧庶，高纬、陈叔宝岂孽子乎！」尝令师姥卜吉凶，语臣云：「至尊忌在十八年，此期促矣。」』上泫然曰：『谁非父母生，乃至于此！朕近览《齐书》，④见高欢纵其儿子，不胜忿愤，安可效尤邪！』于是禁勇及诸子，部分收其党与。杨素舞文巧诋，锻炼以成其狱。

居数日，有司承素意，奏元旻常曲事于勇，情存附托，在仁寿宫，勇使所亲裴弘以书与旻，题云：『勿令人见』。上曰：『朕在仁寿宫，有纤介事，东宫必知，疾于驿马，怪之甚久，岂非此徒邪！』遣武士执旻于仗。右卫大将军元胄时当下直，不去，因奏曰：『臣向不下直者，为防元旻耳。』上以旻及裴弘付狱。

先是，勇见老枯槐，问：『此堪何用？』或对曰：『古槐尤宜取火。』时卫士皆佩火燧，勇命工造数千枚，欲以分赐左右；至是，获于库。又药藏局贮艾数斛，⑤索得之，大以为怪，以问姬威，威曰：『太子此意别有所在，至尊在仁寿宫，太子常饲马千匹，云：「径往守城门，自然饿死。」』素以威言诘勇，勇不服，曰：『窃闻公家马数万匹，勇忝备太子，马千匹，乃是反乎！』素又发东宫服玩，似加琱饰者，悉陈之于庭，以示文武群官，为太子之罪。上及皇后迭遣使责问勇，勇不服。

【注释】①太子左庶子：官名。太子官属，掌太子宫事务。②长宁：长宁王。杨勇长于杨俨封长宁王。③晋太子：指晋惠帝司马衷太子司马遹。④《齐书》：指崔子发所撰《齐纪》。⑤药藏局：药品局。隋制，东宫门下坊，下设有司经、宫门、内直、典膳、药藏、斋帅六局。

冬，十月，乙丑，上使人召勇，勇见使者，惊曰：『得无杀我邪？』上戎服陈兵，御武德殿，集百官立于东面，诸亲立于西面，引勇及诸子列于殿庭，命内史侍郎薛道衡宣诏，废勇及其男、女为王、公主者，并为庶人。勇再拜言曰：『臣当伏尸都市，为将来鉴戒；幸蒙哀怜，得全性命！』言毕，泣下流襟，既而舞蹈而去，左右莫不闵默。长宁王俨上表乞宿卫，辞情哀切；上览之闵然。杨素进曰：『伏望圣心同于螫手，不宜复留意。』

己巳，诏：『元旻、唐令则及太子家令邹文腾、左卫率司马夏侯福、典膳监元淹、前吏部侍郎萧子宝、前主玺下士何竦并处斩，①妻妾子孙皆没官。车骑将军榆林阎毗、东郡公崔君绰、游骑尉沈福宝、瀛州术士章仇太翼，②特免死，各杖一百，身及妻子、资财、田宅皆没官。副作大匠高龙叉、率更令晋文建、通直散骑侍郎元衡皆处尽。』③于是集群官于广阳门外，宣诏戮之。乃移勇于内史省，给五品料食。赐杨素物三千段，元胄、杨约并千段，赏鞫勇之功也。

文林郎杨孝政上书谏曰④：『皇太子为小人所误，宜加训诲，不宜废黜。』上怒，挞其胸。

初，云昭训父定兴，出入东宫无节，数进奇服异器以求悦媚；左庶子裴屡谏，勇不听。政谓定兴曰：『公所为不合法度。又，元妃暴薨，道路籍籍，此于太子，非令名也。公宜自引退，不然，将及祸。』定兴以告勇，勇益疏政，由是出为襄州总管。唐令则为勇所昵狎，每令以弦歌教内人，右庶子刘行本责之曰：『庶子当辅太子以正道，何有取媚于房帷之间哉！』令则甚惭而不能改。时沛国刘臻、平原明克让、魏郡陆爽，并以文学为勇所亲；行本怒其不能调护，每谓三人曰：『卿等正解读书耳！』夏侯福尝于阁内与勇戏，福大笑，声闻于外。行本闻之，待其出，数之曰：『殿下宽容，赐汝颜色。汝何物小人，敢为亵慢！』因付执法者治之。数日，勇为福致请，乃释之。勇尝得良马，欲令行本乘而观之，行本正色曰：『至尊置臣于庶子，欲令辅导殿下，非为殿下作弄臣也。』勇惭而止。及勇败，二人已卒，上叹曰：『向使裴政、刘行本在，勇不至此。』

勇尝宴宫臣，唐令则自弹琵琶，歌《娬媚娘》。洗马李纲起白勇曰[5]：『令则身为宫卿，[6]职当调护；乃于广座自比倡优，进淫声，秽视听。事若上闻，令则罪在不测，岂不为殿下之累邪！臣请速治其罪！』勇曰：『我欲为乐耳，君勿多事！』纲遂趋出。及勇废，上召东宫官属切责之，皆惶惧无敢对者。纲独曰：『废立大事，今文武大臣皆知其不可，而莫肯发言，臣何敢畏死，不一为陛下别白言之乎！太子性本中人，可与为善，可与为恶。向使陛下择正人辅之，足以嗣守鸿基。今乃以唐令则为左庶子，邹文腾为家令，二人唯知以弦歌鹰犬娱悦太子，安得不至于是邪！此乃陛下之过，非太子之罪也。』因伏地流涕呜咽。上惨然良久曰：『李纲责我，非为无理，然徒知其一，未知其二。我择汝为宫臣，而勇不亲任，虽更得正人，何益哉！』对曰：『臣所以不被亲任者，良由奸臣在侧故也。陛下但斩令则、文腾，更选贤才以辅太子，安知臣之终见疏弃也！自古废立冢嫡，鲜不倾危，愿陛下深留圣思，无贻后悔。』上不悦，罢朝，左右皆为之股栗。会尚书右丞缺，有司请人，上指纲曰：『此佳右丞也！』即用之。

太平公史万岁还自大斤山，杨素害其功，言于上曰：『突厥本降，初不为寇，来塞上畜牧耳。』遂寝之。万岁数抗表陈状，上未之悟。上废太子，方穷东宫党与。上问万岁所在，万岁实在朝堂，杨素曰：『万岁谒东宫矣！』以激怒上。上谓为信然，令召万岁。时所将士在朝堂称冤者数百人，万岁谓之曰：『吾今日为汝极言于上，事当决矣。』既见上，言『将士有功，为朝廷所抑！』词气愤厉。上大怒，令左右㨾杀之。既而追之，不及，因下诏陈其罪状，天下共冤惜之。

十一月，戊子，立晋王广为皇太子。天下地震，太子请降章服，宫官不称臣。十二月，戊午，诏从之。以宇文述为左卫率。始，太子之谋夺宗也，洪州总管郭衍预焉，由是征衍为左监门率。[7]

帝囚故太子勇于东宫，付太子广掌之。勇自以废非其罪，频请见上申冤，而广遏之不得闻。勇于是升树大叫，声闻帝所，冀得引见。杨素因言勇情志昏乱，为癫鬼所著，不可复收。帝以为然，卒不得见。

初，帝之克陈也，天下皆以为将太平，监察御史房彦谦私谓所亲曰[8]：『主上忌刻而苛酷，太子卑弱，诸王擅权，天下虽安，方忧危乱。』其子玄龄亦密言于彦谦曰：『主上本无功德，以诈取天下，诸子皆骄奢不仁，必自相诛夷，今虽承平，其亡可翘足待。』彦谦，法寿之玄孙也。

玄龄与杜杲之兄孙如晦皆预选，吏部侍郎高孝基名知人，见玄龄，叹曰：『仆阅人多矣，未见如此郎者，异日必为伟器，恨不见其大成耳！』见如晦，谓曰：『君有应变之才，必任栋梁之重。』俱以子孙托之。

【注释】

①太子家令：官名。太子宫属。掌东宫刑法、食膳、仓库、什物、奴婢等事。左卫率司马：官名。左卫府属官。典膳监：官名。东宫典膳局负责官员，主管膳食。主玺下士：官名。北周官。掌管玺印。②游骑尉：官名，从七品。开皇六年（公元586年），置武骑、屯骑、骁骑、游骑、飞骑、旅骑、云骑、羽骑八尉，其品位在六品以下、从九品以上。③率更令：官名。掌东宫伎乐、漏刻。通直散骑侍郎：隋制，东宫也有通直散骑侍郎。④文林郎：官名。文散官，隋置。取北齐征文学之士以充文林馆之义。⑤洗马：官名，东宫官属。隋制门下坊司经局置洗马四人。⑥宫卿：太子左庶子、右庶子称为宫卿。⑦左监门率：官名。东宫官属。隋制东宫置左、右监门率，掌东宫禁卫。⑧监察御史：官名。助理监察官。隋制御史台置监察御史十二人。

帝晚年深信佛道鬼神，辛巳，始诏『有盗毁佛及天尊、[1]岳、镇、[2]海、渎神像者，[3]以不道论；沙门毁佛像，道士毁天尊像者，以恶逆论。』

是岁，征同州刺史蔡王智积入朝。智积，帝之弟子也。性修谨，门无私谒，自奉简素，帝甚怜之。智积有五男，止教读《论语》、《孝经》，不令交通宾客。或问其故，智积曰：『卿非知我者！』其意盖恐诸子有才能以致祸也。

齐州行参军章武王伽送流囚李参等七十馀人诣京师，[4]行至荥阳，哀其辛苦，悉呼谓曰：『卿辈自犯国刑，身婴缧绁，固其职也；重劳援卒，岂不愧心哉！』参等辞谢。伽乃悉脱其枷锁，停援卒，与约曰：『某日当至京师，如致前却，吾当为汝受死。』遂舍之而去。流人感悦，如期而至，一无离叛。上闻而惊异，召见与语，称善久之。于是悉召流人，令携负妻子俱入，赐宴于殿庭而赦之。因下诏曰：『凡在有生，含灵禀性，咸知善恶，并识是非。若临以至诚，明加劝导，则俗必从化，人皆迁善。往以海内乱离，德教废绝，吏无慈爱之心，民怀奸诈之意。朕思遵圣法，以德化民，而伽深识朕意，诚心宣导，参等感悟，自赴宪司：明是率土之人，非为难教。若使官尽王伽之俦，民皆李参之辈，刑厝不用，其何远哉！』乃擢伽为雍令。

太史令袁充表称：『隋兴已后，昼日渐长，开皇元年，冬至之景长一丈二尺七寸二分；自尔渐短，至十七年，短于旧三寸七分。日去极近则景短而日长，去极远则景长而日短；行内道则去极近，行外道则去极远。谨按《元命包》云[⑤]：「日月出内道，璇玑得其常。」[⑥]《京房别对》曰：「太平，日行上道；升平，行次道；霸代，行下道。」伏惟大隋启运，上感乾元，景短日长，振古希有。』上临朝，谓百官曰：『景长之庆，天之祐也。今太子新立，当须改元，宜取日长之意以为年号。』是后百工作役，并加程课，以日长故也。丁匠苦之。

【注释】

①天尊：道教神元始天尊。②镇：九镇，即九州之大山。③海：东海、南海。④行参军：官名。为州府属官，参谋军务。⑤《元命包》：神秘预言书。⑥璇玑：古代测天文仪器。

仁寿元年 春，正月，乙酉朔，赦天下，改元。

以尚书右仆射杨素为左仆射，纳言苏威为右仆射。

丁酉，徙河南王昭为晋王。

突厥步迦可汗犯塞，败代州总管韩弘于恒安。[①]

以晋王昭为内史令。

二月，乙卯朔，日有食之。

夏，五月，己丑，突厥男女九万口来降。

六月，乙卯，遣十六使巡省风俗。

乙丑，诏以天下学校生徒多而不精，唯简留国子学生七十人，太学、四门及州县学并废。[②]前殿内将军河间刘炫上表切谏，[③]不听。秋，七月，戊戌，改国子学为太学。

初，帝受周禅，恐民心未服，故多称符瑞以耀之，其伪造而献者，不可胜计。冬，十一月，己丑，有事于南郊，如封禅礼，板文备述前后符瑞以报谢云。

山獠作乱，以卫尉少卿洛阳卫文昇为资州刺史镇抚之。[4]文昇名玄，以字行。初到官，獠方攻大牢镇，[5]文昇单骑造其营，谓曰：『我是刺史，衔天子诏，安养汝等，勿惊惧也！』群獠莫敢动。于是说以利害，渠帅感悦，解兵而去，前后归附者十馀万口。帝大悦，赐缣二千匹。壬辰，以文昇为遂州总管。

潮、[6]成等五州獠反，[7]高州酋长冯盎驰诣京师，请讨之。帝敕杨素与盎论贼形势，素叹曰：『不意蛮夷中有如是人！』即遣盎发江、岭兵击之。事平，除盎汉阳太守。

诏以杨素为云州道行军元帅，[8]长孙晟为受降使者，挟启民可汗北击步迦。

【注释】①恒安：今山西大同市。②四门：即四门学。北魏孝文帝太和十八年（公元494年）迁都洛阳，创设四门小学。因初设于京师四门，故称四门学。③殿内将军：官名。即殿中将军。属左、右卫府。④卫尉少卿：官名。卫尉寺副长官。职掌宫城警卫。⑤大牢镇：今四川荣县。⑥潮：潮州。今广东潮州市。⑦成：成州。今广西桂平县。⑧云州道：今山西大同市。

二年 春，三月，己亥，上幸仁寿宫。

突厥思力俟斤等南渡河，掠启民男女六千口、杂畜二十馀万而去。杨素帅诸军追击，转战六十馀里，大破之，突厥北走。素复进追，夜，及之，恐其越逸，令其骑稍后，亲引两骑并降突厥二人与虏并行，虏不之觉；候其顿舍未定，趣后骑掩击，大破之，悉得人畜以归启民。自是突厥远遁，碛南无复寇抄。素以功进子玄感柱国，赐玄纵爵淮南公。

兵部尚书柳述，庆之孙也，尚兰陵公主，怙宠使气，自杨素之属皆下之。帝问符玺直长万年韦云起[1]：『外间有不便事，可言之。』述时侍侧，云起奏曰：『柳述骄豪，未尝经事，兵机要重，非其所堪。徒以主婿，遂居要职。臣恐物议以陛下为「官不择贤，专私所爱」，斯亦不便之大者。』帝甚然其言，顾谓述曰：『云起之言，汝药石也，可师友之。』秋，七月，丙戌，诏内外官各举所知。柳述举云起，除通事舍人。[2]

益州总管蜀王秀，容貌瑰伟，有胆气，好武艺。帝每谓独孤后曰：『秀必以恶终，我在当无虑，至兄弟，必反矣。』大将军刘哙之讨西爨也，[3]帝令上开府仪同三司杨武通将兵继进。秀以嬖人万智光为武通行军司马。帝以秀任非其人，谴责之，因谓群臣曰：『坏我法者，子孙也。譬如猛虎，物不能害，反为毛间虫所损食耳。』遂分秀所统。

自长史元岩卒后，秀渐奢僭，造浑天仪，多捕山獠充宦者，车马被服，拟于乘舆。

及太子勇以谗废，晋王广为太子，秀意甚不平。太子恐秀终为后患，阴令杨素求其罪而谮之。上遂征秀，秀犹豫，欲谢病不行。总管司马源师谏，秀作色曰：『此自我家事，何预卿也！』师垂涕对曰：『师忝参府幕，敢不尽心！圣上有敕追王，以淹时月，今乃迁延未去。百姓不识王心，倘生异议，内外疑骇，发雷霆之诏，降一介之使，王何以自明？愿王熟计之！』朝廷恐秀生变，戊子，以原州总管独孤楷为益州总管，驰传代之。楷至，秀犹未肯行；楷讽谕久之，乃就路。楷察秀有悔色，因勒兵为备，秀行四十馀里，将还袭楷，觇知有备，乃止。

八月，甲子，皇后独孤氏崩。太子对上及宫人哀恸绝气，若不胜丧者；其处私室，饮食言笑如平常。又，每朝令进二溢米，④而私令外取肥肉脯鲊，⑤置竹桶中，以蜡闭口，衣襆裹而纳之。⑥

著作郎王劭上言：『佛说：「人应生天上及生无量寿国之时，天佛放大光明，以香花妓乐来迎。」伏惟大行皇后福善祯符，备诸秘记，皆云是妙善菩萨。臣谨案八月二十二日，仁寿宫内再雨金银花；二十三日，大宝殿后夜有神光；⑦二十四日卯时，永安宫北有自然种种音乐，震满虚空；至夜五更，奄然如寐，遂即升遐，与经文所说事皆符验。』上览之悲喜。

九月，丙戌，上至自仁寿宫。

冬，十月，癸丑，以工部尚书杨达为纳言。达，雄之弟也。

【注释】

①符玺直长：官名。门下省符玺局副主管。②通事舍人：官名。属内史省。立法助理官。③西爨：古族名。分布于今云南滇池、洱海地区及四川南部，以白蛮为主。④溢：重量单位。金二十两为溢。⑤鲊：经过加工的鱼类食品，腌鱼、糟鱼之类。⑥襆：头巾。⑦大宝殿：在仁寿宫中宴殿。

闰月，甲申，诏杨素、苏威与吏部尚书牛弘等修定五礼。①

上令上仪同三司萧吉为皇后择葬地，得吉处，云：『卜年二千，卜世二百。』上曰：『吉凶由人，不在于地。

高纬葬父，岂不卜乎！俄而国亡。正如我家墓田，若云不吉，朕不当为天子；若云不凶，我弟不当战没。』[2]然竟从吉言。吉退，告族人萧平仲曰：『皇太子遣宇文左率深谢余云：[3]「公前称我当为太子，竟有其验，终不忘也。」今卜山陵，务令我早立。我立之后，当以富贵相报。」吾语之曰：「后四载，太子御天下。」若太子得政，隋其亡乎！吾前绐云「卜年二千」者，三十字也；「卜世二百」者，取世二传也。汝其识之！』

壬寅，葬文献皇后于太陵。诏以『杨素经营葬事，勤求吉地，论素此心，事极诚孝，岂与夫平戎定寇比其功业！可别封一子义康公，邑万户。』并赐田三十顷，绢万段，米万石，金珠绫锦称是。

蜀王秀至长安，上见之，不与语；明日，使使切让之。秀谢罪，太子诸王流涕庭谢。上曰：『顷者秦王糜费财物，我以父道训之。今秀蠹害生民，当以君道绳之。』于是付执法者。开府仪同三司庆整谏曰：『庶人勇既废，秦王已薨，陛下见子无多，何至如是！蜀王性甚耿介，今被重责，恐不自全。』上大怒，欲断其舌，因谓群臣曰：『当斩秀于市以谢百姓。』乃令杨素等推治之。

太子阴作偶人，缚手钉心，枷锁杻械，[4]书上及汉王姓名，仍云『请西岳慈父圣母神兵收杨坚、杨谅神魂，如此形状，勿令散荡。』密埋之华山下，杨素发之；又云秀妄述图谶，称京师妖异，造蜀地征祥；并作檄文，云『指期问罪』，置秀集中，俱以闻奏。上曰：『天下宁有是邪！』十二月，癸巳，废秀为庶人，幽之内侍省，不听与妻子相见，唯獠婢二人驱使，连坐者百余人。秀上表摧谢曰：『伏愿慈恩，赐垂矜愍，残息未尽之间，希与瓜子相见；请赐一穴，令骸骨有所。』瓜子，其爱子也。上因下诏数其十罪，且曰：『我今不知杨坚、杨谅是汝何亲？』后乃听与其子同处。

初，杨素尝以少谴敕送南台，命治书侍御史柳彧治之。素恃贵，坐彧床。彧从外来见之，于阶下端笏整容谓素曰：『奉敕治公之罪！』素遽下。彧据案而坐，立素于庭，辨诘事状。素由是衔之。蜀王秀尝从彧求李文博所撰《治道集》，彧与之；秀遗彧奴婢十口。及秀得罪，素奏彧以内臣交通诸侯，除名为民，配戍怀远镇。[5]

帝使司农卿赵仲卿往益州穷案秀事，[6]秀之宾客经过之处，仲卿必深文致法，州县长吏坐者太半。上以为能，赏赐甚厚。

久之，贝州长史裴肃遣使上书，称：『高颎以天挺良才，元勋佐命，为众所疾，以至废弃；愿陛下录其大功，忘其小过。又二庶人得罪已久，宁无革心！愿陛下弘君父之慈，顾天性之义，各封小国，观其所为：若能迁善，渐更增益；如或不悛，贬削非晚。今者自新之路永绝，愧悔之心莫见，岂不哀哉！』书奏，上谓杨素曰：『裴肃忧我家事，此亦至诚也。』于是征肃入朝。太子闻之，谓左庶子张衡曰：『使勇自新，欲何为也？』衡曰：『观肃之意，欲令如吴太伯、汉东海王耳。』肃至，上面谕以勇不可复收之意而罢遣之。肃，侠之子也。

杨素弟约及从父文思、文纪、族父忌并为尚书、列卿，诸子无汗马之劳，位至柱国、刺史；广营资产，自京师及诸方都会处，邸店、碾硙、便利田宅，不可胜数；家僮数千，后庭妓妾曳绮罗者以千数；第宅华侈，制拟宫禁；亲故吏布列清显。既废一太子及一王，威权愈盛。朝臣有违忤者，或至诛夷；有附会及亲戚，虽无才用，必加进擢，朝廷靡然，莫不畏附。敢与素抗而不挠者，独柳彧及尚书右丞李纲、大理卿梁毗而已。⑦始，毗为西宁州刺史，⑧凡十一年，蛮夷酋长皆以金多者为豪隽，递相攻夺，略无宁岁，毗患之。后因诸酋长相帅以金遗毗，毗置金坐侧，对之恸哭，而谓之曰：『此物饥不可食，寒不可衣，汝等以此相灭，不可胜数，今将此来，欲杀我邪！』一无所纳。于是蛮夷感悟，遂不相攻击。上闻而善之，征为大理卿，处法平允。

毗见杨素专权，恐为国患，乃上封事曰：『臣闻臣无有作威作福，其害于而家，凶于而国。窃见左仆射越国公素，幸遇愈重，权势日隆，搢绅之徒，属其视听。忤旨者严霜夏零，阿旨者甘雨冬澍；荣枯由其唇吻，废兴候其指麾；所私皆非忠谠，所进咸是亲戚，子弟布列，兼州连县。天下无事，容息异图；四海有虞，必为祸始。夫奸臣擅命，有渐而来，王莽资之于积年，桓玄基之于易世，而卒殄汉祀，终倾晋祚。陛下若以素为阿衡，臣恐其心未必伊尹也。伏愿揆鉴古今，量为处置，俾洪基永固，率土幸甚！』书奏，上大怒，收毗系狱，亲诘之。毗极言『素擅宠弄权，将领之处，杀戮无道。又太子、蜀王罪废之日，百僚无不震竦，唯素扬眉奋肘，喜见容色，利国家有事以为身幸。』上无以屈，乃释之。

其后上亦寝疏忌素，乃下敕曰：『仆射国之宰辅，不可躬亲细务，但三五日一向省，评论大事。』外示优崇，实夺之权也。素由是终仁寿之末，不复通判省事。出杨约为伊州刺史。⑨

素既被疏，吏部尚书柳述益用事，摄兵部尚书，参掌机密；素由是恶之。

太子问于贺若弼曰：『杨素、韩擒虎、史万岁皆称良将，其优劣何如？』弼曰：『杨素猛将，非谋将；韩擒虎斗将，非领将；史万岁骑将，非大将。』太子曰：『然则大将谁也？』弼拜曰：『唯殿下所择！』弼意自许也。

交州俚帅李佛子作乱，[10]据越王故城，[11]遣其兄子大权据龙编城，其别帅李普鼎据乌延城。[12]杨素荐瓜州刺史长安刘方有将帅之略，诏以方为交州道行军总管，统二十七营而进。方军令严肃，有犯必斩；然仁爱士卒，有疾病者亲临抚亲，士卒亦以此怀之。至都隆岭，[13]遇贼，击破之。进军临佛子营，先谕以祸福。佛子惧，请降，送之长安。

【注释】

①五礼：吉礼、凶礼、军礼、宾礼、嘉礼。②我弟：隋文帝杨坚之弟杨整随从周武帝伐齐，在并州战死。③宇文左率：宇文述时为左卫率。④杻械：刑具。即手铐脚镣。⑤怀远镇：今宁夏银川市。⑥司农卿：官名。掌管租税、钱谷、盐铁和国家财政收支。⑦大理卿：官名。掌刑狱。⑧西宁州：今四川西昌市。⑨伊州：今河南临汝县。⑩交州：今越南河内市。⑪龙编城：今越南北宁省仙游附近。⑫乌延城：地址不详。⑬都隆岭：地址不详。

三年　秋，八月，壬申，赐幽州总管燕荣死。荣性严酷，鞭挞左右，动至千数。尝见道次丛荆，以为堪作杖，命取之，辄以试人。人或自陈无罪，荣曰：『后有罪，当免汝。』既而有犯，将杖之，人曰：『前日被杖，使君许以有罪宥之。』荣曰：『无罪尚尔，况有罪邪！』杖之自若。

观州长史元弘嗣迁幽州长史，惧为荣所辱，固辞。上敕荣曰：『弘嗣杖十已上罪，皆须奏闻。』荣忿曰：『竖子何敢玩我！』于是遣弘嗣监纳仓粟，扬得一糠一秕，皆罚之。每笞虽不满十，然一日之中，或至三数。如是历年，怨隙日构。荣遂收弘嗣付狱，禁绝其粮，弘嗣抽衣絮杂水咽之。其妻诣阙称冤，上遣使按验，奏荣暴虐，赃秽狼籍；征还，赐死。元弘嗣代荣为政。酷又甚之。

九月，壬戌，置常平官。①

是岁，龙门王通诣阙献《太平十二策》，上不能用，罢归。通遂教授于河、汾之间，弟子自远至者甚众，累征不起。杨素甚重之，劝之仕，通曰：『通有先人之弊庐足以蔽风雨，薄田足以具饘粥，读书谈道足以自乐。愿明公正身以治天下，使时和岁丰，通也受赐多矣，不愿仕也。』或谮通于素曰：『彼实慢公，公何敬焉？』素以问通，通曰：『使公可慢，则仆得矣；不可慢，则仆失矣：得失在仆，公何预焉！』素待之如初。

弟子贾琼问息谤，通曰：『无辩。』问止怨，曰：『不争。』通尝称：『无赦之国，其刑必平；重敛之国，其财必削。』又曰：『闻谤而怒者，谗之囮也；[2]见誉而喜者，佞之媒也；绝囮去媒，谗佞远矣。』大业末，卒于家，门人谥曰文中子。

突厥步迦可汗所部大乱，铁勒仆骨等十余部，[3]皆叛步迦降于启民。步迦众溃，西奔吐谷浑；长孙晟送启民置碛口，[4]启民于是尽有步迦之众。

【注释】

①常平官：开皇初年，置义仓，现置常平官掌管。②囮：囮子，也叫鸟媒，捕鸟人用活鸟诱捕他鸟的设置。③铁勒：古族名。南北朝隋唐时期北方诸操突厥语游牧部落的泛称。仆骨：也作仆固。铁勒部族之一。④碛口：地址不详。

高祖文皇帝下

仁寿四年 春，正月，丙午，赦天下。

帝将避暑于仁寿宫，术士章仇太翼固谏；不听，太翼曰：『是行恐銮舆不返！』帝大怒，系之长安狱，期还而斩之。甲子，幸仁寿宫。乙丑，诏赏赐支度，事无巨细，并付皇太子。夏，四月，乙卯，帝不豫。六月，庚申，赦天下。秋，七月，甲辰，上疾甚，卧与百僚辞诀，并握手歔欷，命太子赦章仇太翼。丁未，崩于大宝殿。

高祖性严重，令行禁止，勤于政事。每旦听朝，日昃忘倦。虽啬于财，至于赏赐有功，即无所爱；将士战没，必加优赏，仍遣使者劳问其家。爱养百姓，劝课农桑，轻徭薄赋。其自奉养，务为俭素，乘舆御物，故弊者随令补用；自非享宴，所食不过一肉；后宫皆服浣濯之衣。天下化之，开皇、仁寿之间，丈夫率衣绢布，不服绫绮，装带不过铜铁骨角，无金玉之饰。故衣食滋殖，仓库盈溢。受禅之初，民户不满四百万，末年，逾八百九十万，独冀州已一百万户。然猜忌苛察，信受谗言，功臣故旧，无始终保全者；乃至子弟，皆如仇敌，此其所短也。

初，文献皇后既崩，[1]宣华夫人陈氏、容华夫人蔡氏皆有宠。陈氏，陈高宗之女；蔡氏，丹杨人也。上寝疾于仁寿宫，尚书左仆射杨素、兵部尚书柳述、黄门侍郎元岩皆入阁侍疾，[2]召皇太子入居大宝殿。太子虑上有不讳，须预防拟，手自为书，封出问素；素条录事状以报太子。宫人误送上所，上览而大恚。陈夫人平旦出更衣，为太子所逼，拒之，得免，归于上所；上怪其神色有异，问其故。夫人泫然曰：『太子无礼！』上恚，抵床曰：『畜生何足付大事！独孤误我！』乃呼柳述、元岩曰：『召我儿！』述等将呼太子，上曰：『勇也。』述、岩出阁为敕书。杨素闻之，以白太子，矫诏执述、岩，系大理狱；追东宫兵士帖上台宿卫，门禁出入，并取宇文述、郭衍节度；令右庶子张衡入寝殿侍疾，尽遣后宫出就别室；俄而上崩。故中外颇有异论。陈夫人与后宫闻变，相顾战栗失色。晡后，太子遣使者赍小金合，帖纸于际，亲署封字，以赐夫人。夫人见之，惶惧，以为鸩毒，不敢发。使者促之，乃发，合中有同心结数枚，宫人咸悦，相谓曰：『得免死矣！』陈氏恚而却坐，不肯致谢；诸宫人共逼之，乃拜使者。其夜，太子烝焉。

乙卯，发丧，太子即皇帝位。会伊州刺史杨约来朝，太子遣约入长安，易留守者，矫称高祖之诏，赐故太子勇死，缢杀之；然后陈兵集众，发高祖凶问。炀帝闻之，曰：『令兄之弟，果堪大任。』追封勇为房陵王，不为置嗣。八月，丁卯，梓宫至自仁寿宫；丙子，殡于大兴前殿。柳述、元岩并除名，述徙龙川，[3]岩徙南海。[4]帝令兰陵公主与述离绝，欲改嫁之；公主以死自誓，不复朝谒，上表请与述同徙，帝大怒。公主忧愤而卒，临终，上表请葬于柳氏。帝愈怒，竟不哭，葬送甚薄。

太史令袁充奏言：『皇帝即位，与尧受命年合。』讽百官表贺。礼部侍郎许善心议，以为『国哀甫尔，不宜称贺。』左卫大将军宇文述素恶善心，讽御史劾之；左迁给事郎，降品二等。

【注释】①文献皇后：独孤皇后谥号『文献』。②黄门侍郎：官名。隋制，门下省纳言二人，给事黄门侍郎四人，掌纠核朝臣奏章，复审中书诏敕，有不便者，驳正封还。③龙川：今广东惠州市。④南海：今广东广州市。

汉王谅有宠于高祖，为并州总管，自山以东，至于沧海，南距黄河，五十二州皆隶焉；特许以便宜从事，不拘律令。谅自以所居天下精兵处，见太子勇以谗废，居常怏怏，及蜀王秀得罪，尤不自安，阴蓄异图。言于高祖，以『突厥方强，宜修武备。』于是大发工役，缮治器械，招集亡命，左右私人殆将数万。突厥尝寇边，高祖使谅御之，为突厥所败；其所领将帅坐除解者八十馀人，皆配防岭表。谅以其宿旧，奏请留之，高祖怒曰：『尔为藩王，惟当敬依朝命，何得私论宿旧，废国家宪法邪！嗟乎小子，尔一旦无我，或欲妄动，彼取尔如笼内鸡雏耳，何用腹心为！』

王頍者，[1]僧辩之子，倜傥好奇略，为谅咨议参军，[2]萧摩诃，陈氏旧将，二人俱不得志，每郁郁思乱，皆为谅所亲善，赞成其阴谋。

会荧惑[3]守东井，[4]仪曹邺人傅奕晓星历，[5]谅问之曰：『是何祥也？』对曰：『天上东井，黄道所经，[6]荧惑过之，乃其常理，若入地上井，则可怪耳。』谅不悦。

及高祖崩，炀帝遣车骑将军屈突通以高祖玺书征之。先是，高祖与谅密约：『若玺书召汝，敕字傍别加一点，又与玉麟符合者，当就征。』及发书无验，谅知有变。诘通，通占对不屈，乃遣归长安。谅遂发兵反。总管司马安定皇甫诞切谏，谅不纳。诞流涕曰：『窃料大王兵资非京师之敌；加以君臣位定，逆顺势殊，士马虽精，难以取胜。一旦陷身叛逆，絓于刑书，虽欲为布衣，不可得也。』谅怒，囚之。

岚州刺史乔钟葵将赴谅，⑦其司马京兆陶模拒之曰：『汉王所图不轨，公荷国厚恩，当竭诚效命，岂得身为厉阶乎！』钟葵失色曰：『司马反邪！』临之以兵，辞气不挠，钟葵义而释之。军吏曰：『若不斩模，无以压众心。』乃囚之。于是从谅反者凡十九州。

王頍说谅曰：『王所部将吏，家属尽在关西，若用此等，则宜长驱深入，直据京都，所谓疾雷不及掩耳；若但欲割据旧齐之地，宜任东人。』谅不能决，乃兼用二策，唱言杨素反，将诛之。

总管府兵曹闻喜裴文安说谅曰：『井陉以西，⑧在王掌握之内，山东士马，⑨亦为我有，宜悉发之；分遣羸兵屯守要害，仍命随方略地，帅其精锐，直入蒲津。⑩文安请为前锋，王以大军继后，风行雷击，顿于霸上。⑪咸阳以东，可指麾而定。京师震扰，兵不暇集，上下相疑，群情离骇；我陈兵号令，谁敢不从！旬日之间，事可定矣。』谅大悦，于是遣所署大将军余公理出太谷，⑫趣河阳，⑬大将军綦良出滏口，⑭趣黎阳，⑮大将军刘建出井陉，略燕、赵，柱国乔钟葵出雁门，⑯署文安为柱国，与柱国纥单贵、王聃等直指京师。⑰

帝以右武卫将军洛阳丘和为蒲州刺史，镇蒲津。谅简精锐数百骑戴羃䍦，⑱诈称谅宫人还长安，门司弗觉，径入蒲州，⑲城中豪杰亦有应之者；丘和觉其变，逾城，逃归长安。蒲州长史勃海高义明、司马北平荣毗皆为反者所执。裴文安等未至蒲津百馀里，谅忽改图，令纥单贵断河桥，守蒲州，而召文安还。文安至，谓谅曰：『兵机诡速，本欲出其不意。王既不行，文安又返，使彼计成，大事去矣。』谅不对。以王聃为蒲州刺史，裴文安为晋州刺史，薛粹为绛州刺史，梁菩萨为潞州刺史，韦道正为韩州刺史，张伯英为泽州刺史。代州总管天水李景发兵拒谅，谅遣其将刘暠袭景；景击斩之。谅复遣乔钟葵帅劲勇三万攻之，景战士不过数千，加以城池不固，为钟葵所攻，崩毁相继，景且战且筑，士卒皆殊死斗；钟葵屡败。司马冯孝慈、司法吕玉并骁勇善战，⑳仪同三司侯莫陈乂多谋画，㉑工拒守之术，景知三人可用，推诚任之，已无所关预，唯在阁持重，时抚循而已。

杨素将轻骑五千袭王聃、纥单贵于蒲州，夜，至河际，收商贾船，得数百艘，船内多置草，践之无声，遂衔枚而济；迟明，击之；纥单贵败走，聃惧，以城降。有诏征素还。初，素将行，计日破贼，皆如所量，于是以素为并州道行军总管、河北道安抚大使，帅众数万以讨谅。

谅之初起兵也，妃兄豆卢毓为府主簿，苦谏，不从，私谓其弟懿曰：『吾匹马归朝，自得免祸，此乃身计，非为国也。不若且伪从之，徐伺其使。』毓，勣之子也。毓兄显州刺史贤言于帝曰：『臣弟毓素怀志节，必不从乱，但逼凶威，不能自遂。臣请从军，与毓为表里，谅不足图也。』帝许之。贤密遣家人赍敕书至毓所，与之计议。

谅出城，将往介州，㉒令毓与总管属朱涛留守。㉓毓谓涛曰：『汉王构逆，败不旋踵，吾属岂可坐受夷灭，孤负国家邪！当与卿出兵拒之。』涛惊曰：『王以大事相付，何得有是语！』因拂衣而去，毓追斩之。出皇甫诞于狱，与之协计，及开府仪同三司宿勤武等闭城拒谅。部分未定，有人告谅，谅袭击之。毓见谅至，给其众曰：『此贼军也！』谅攻城南门，稽胡守南城，不识谅，射之；矢下如雨；谅移攻西门，守兵识谅，即开门纳之，毓、诞皆死。

【注释】

①王頍：王僧辩之子。②谘议参军：官名。在长史，司马之下，掾属之上。③荧惑：即火星，它的光呈红色像火，亮度常有变化，从地上看，其远行方向也有变化，好像使人捉摸不定的样子，故称荧惑。④东井：即井宿，二十八宿之一，由双子座的八颗星组成。井宿，秦分野。⑤仪曹：仪曹郎。王府属官。⑥黄道：古人视觉中太阳在一年里运行的轨道。即太阳在恒星之间运行的轨迹。⑦岚州：今山西静乐县。⑧井陉：即井陉关。在今河北井陉县西北井陉山上。⑨山东：太行山以东。⑩蒲津：今山西省永济县西黄河渡口。⑪霸上：今陕西西安东。⑫太谷：县名。今山西太谷县。⑬河阳：今河南孟县。⑭滏口：今河北磁县西北鼓山，滏水（今滏阳河）发源于此。⑮黎阳：今河南浚县东北。⑯雁门：今山西代县。⑰纥单贵：人名。纥单，复姓。⑱羃䍦：古时妇女遮面障身服装。⑲蒲州：今山西永济县。⑳司法：即法曹行参军。㉑侯莫陈乂：人名。侯莫陈，三字姓。㉒介州：今山西介休县。㉓总管属：总管府低级员吏，在掾之下。

綦良攻慈州刺史上官政，①不克，引兵攻行相州事薛胄，又不克，遂自滏口攻黎州，②塞白马津。③余公理自太行下河内，帝以右卫将军史祥为行军总管，军于河阴。④祥谓军吏曰：『余公理轻而无谋，恃众而骄，不足破也。』公理屯河阳，⑤祥具舟南岸，公理聚兵当之。祥简精锐于下流潜济，公理闻之，引兵拒之，战于须水。⑥公理未成列，祥击之，公理大败。祥东趣黎阳，綦良军不战而溃。祥，宁之子也。

帝将发幽州兵，⑦疑幽州总管窦抗有贰心，问可使取抗者于杨素，素荐前江州刺史勃海李子雄，授上大将军，拜广州刺史。又以左领军将军长孙晟为相州刺史，发山东兵，与李子雄共经略之。晟辞以男行布在谅所部，帝曰：『公体国之深，终不以儿害义，朕今相委，公其勿辞。』李子雄驰至幽州，止传舍，召募得千馀人。抗来诣子雄，子雄伏甲擒之。抗，荣定之子也。

子雄遂发幽州兵步骑三万，自井陉西击谅。时刘建围戍将京兆张祥于井陉，子雄破建于抱犊山下，⑧建遁去。李景被围月馀，诏朔州刺史代人杨义臣救之。义臣帅马步二万，夜出西陉，⑨乔钟葵悉众拒之。义臣自以兵少，悉取军中牛驴，得数千头，复令兵数百人，人持一鼓潜驱之，匿于涧谷间。晡后，义臣复与钟葵战，兵初合，命驱牛驴者疾进，一时鸣鼓，尘埃张天，钟葵军不知，以为伏兵发，因而奔溃；义臣纵击，大破之。晋、绛、吕三州皆为谅城守，⑩杨素各以二千人縻之而去。谅遣其将赵子开拥众十馀万，栅绝径路，屯据高壁，⑪布陈五十里。素令诸将以兵临之，自引奇兵潜入霍山，⑫缘崖谷而进。素营于谷口，自坐营外，使军司入营简留三百人守营，⑬军士惮北兵之强，不欲出战，多愿守营，因尔致迟。素责所由，军司具对，素即召所留三百人出营，悉斩之；更令简留，人皆无愿留者。素乃引军驰进，出北军之北，直指其营，鸣鼓纵火；北军不知所为，自相蹂践，杀伤数万。谅所署介州刺史梁修罗屯介休，⑭闻素至，弃城走。

谅闻赵子开败，大惧，自将众且十万，拒素于蒿泽。⑮会大雨，谅欲引军还，王頍谏曰：『杨素悬军深入，士马疲弊，王以锐卒自将击之，其势必克。今望敌而退，示人以怯，沮战士之心，益西军之气，愿王勿还。』谅不从，退守清源。⑯

王頍谓其子曰：『气候殊不佳，兵必败，汝可随我。』杨素进击谅，大破之，擒萧摩诃。谅退保晋阳，素进兵围之，谅穷蹙，请降，馀党悉平。帝遣杨约赍手诏劳素。王頍将奔突厥，至山中，径路断绝，知必不免，谓其子曰：『吾之计数不减杨素，但坐言不见从，遂至于此，不能坐受擒获，以成竖子名。吾死之后，汝慎勿过亲故。』于是自杀，瘗之石窟中。其子数日不得食，遂过其故人，竟为所擒；并获頍尸，枭于晋阳。

群臣奏汉王谅当死，帝不许，除名为民，绝其属籍，竟以幽死。谅所部吏民坐谅死徙者二十馀万家。初，高祖与独孤后甚相爱重，誓无异生之子，尝谓群臣曰：『前世天子，溺于嬖幸，嫡庶分争，遂有废立，或至亡国；朕旁无姬侍，五子同母，可谓真兄弟也，岂有此忧邪！』帝又惩周室诸王微弱，故使诸子分据大镇，专制方面，权侔帝室。及其晚节，父子兄弟迭相猜忌，五子皆不以寿终。

臣光曰：昔辛伯谂周桓公曰：『内宠并后，外宠贰政，嬖子配嫡，大都偶国，乱之本也。』人主诚能慎此四者，乱何自生哉！隋高祖徒知嫡庶之多争，孤弱之易摇，曾不知势钧位逼，虽同产至亲，不能无相倾夺。考诸辛伯之言，得其一而失其三乎！

冬，十月，己卯，葬文皇帝于太陵，庙号高祖，与文献皇后同坟异穴。

诏除妇人及奴婢、部曲之课，⑰男子二十二成丁。

章仇太翼言于帝曰：『陛下木命，雍州为破木之冲，不可久居。又谶云：「修治洛阳还晋家。」』帝深以为然。

十一月，乙未，幸洛阳，留晋王昭守长安。杨素以功拜其子万石、仁行、侄玄挺为仪同三司，赉物五万段，绮罗千匹，谅妓妾二十人。

丙申，发丁男数十万掘堑，自龙门⑱东接长平、⑲汲郡，⑳抵临清关，㉑渡河至浚仪、㉒襄城，㉓达于上洛，㉔以置关防。

壬子，陈叔宝卒，赠大将军、长城县公，谥曰炀。

癸丑，下诏于伊洛建东京，仍曰：『宫室之制，本以便生，今所营构，务从俭约。』

蜀王秀之得罪也，右卫大将军元胄坐与交通除名，久不得调。时慈州刺史上官政坐事徙岭南，将军丘和以蒲州失守除名，㉕胄与和有旧，酒酣，谓和曰：『上官政，壮士也，今徙岭表，得无大事乎！』因自拊腹曰：『若是公者，不徒然矣。』和奏之，胄竟坐死。于是征政为骁卫将军，以和为代州刺史。

【注释】

①慈州：今山西吉县。②黎州：今河南浚县。③白马津：今河南滑县东北，秦、汉白马县西北古黄河南岸，与北岸黎阳津相对。④河内：今河南沁阳县。河阴：今河南宜阳县东。⑤河阳：今河南孟县南。⑥须水：今河南荥阳县东。⑦幽州：今北京城西南。⑧抱犊山：今河北获鹿县西。⑨西陉：今山西代县西北。⑩晋：晋州。今山西临汾市。绛：绛州。今山西新绛县。吕：吕州。今山西霍县。⑪高壁：岭名。今山西灵石县南。⑫霍山：今山西霍县东南。⑬军司：

即军司马。⑭介休：县名。今山西介休县。⑮蒿泽：介休县北湖泊。⑯清源：县名。今山西清徐县。⑰部曲：古时军队的编制单位。也指豪门大族私人的军队。⑱龙门：县名。今山西河津县。⑲长平：今山西晋城市东北。⑳汲郡：今河南汲县。㉑临清关：今河南新乡市东北。㉒浚仪：县名。今河南开封市。㉓襄城：今河南临汝县东。㉔上洛：今陕西商县。㉕蒲州：今山西永济县。

唐纪

太宗文武大圣大广孝皇帝上之上[1]

贞观元年[2]（丁亥，627）春，正月，乙酉，改元。

丁亥，上宴群臣，奏《秦王破陈乐》。[3]上曰：『朕昔受委专征，民间遂有此曲，虽非文德之雍容，然功业由兹而成，不敢忘本。』封德彝曰：『陛下以神武平海内，岂文德之足比！』上曰：『戡乱以武，守成以文，文武之用，各随其时。卿谓文不及武，斯言过矣。』德彝顿首谢。

己亥，制：『自今中书、门下及三品以上入阁议事，[4]皆命谏官随之，有失辄谏。』

上命吏部尚书长孙无忌等与学士、法官更议定律令，宽绞刑五十条为断右趾，上犹嫌其惨，曰：『肉刑废已久，宜有以易之。』蜀王法曹参军裴弘献请改为加役流，流三千里，居作三年；诏从之。

上以兵部郎中戴胄忠清公直，[5]擢为大理少卿。上以选人多诈冒资荫，敕令自首，不首者死。未几，有诈冒事觉者，上欲杀之。胄奏：『据法应流。』上怒曰：『卿欲守法而使朕失信乎？』对曰：『敕者出于一时之喜怒，法者国家所以布大信于天下也。陛下忿选人之多诈，故欲杀之，而既知其不可，复断之以法，此乃忍小忿而存大信也。』上曰：『卿能执法，朕复何忧！』胄前后犯颜执法，言如涌泉，上皆从之，天下无冤狱。

上令封德彝举贤，久无所举。上诘之，对曰：『非不尽心，但于今未有奇才耳。』上曰：『君子用人如器，各取所长，古之致治者，岂借才于异代乎？正患己不能知，安可诬一世之人！』德彝惭而退。

御史大夫杜淹奏『诸司文案恐有稽失，请令御史就司检校。』上以问封德彝，对曰：『设官分职，各有所司。果有愆违，御史自应纠举；若遍历诸司，搜擿疵颣，[6]太为烦碎。』淹默然。上问淹：『何故不复论执？』对曰：『天下之务，当尽至公，善则从之。德彝所言，真得大体，臣诚心服，不敢遂非。』上悦曰：『公等各能如是，朕复何忧！』

右骁卫大将军长孙顺德受人馈绢，事觉，上曰：『顺德果能有益国家，朕与之共有府库耳，何至贪冒如是乎！』犹惜其有功，不之罪，但于殿庭赐绢数十匹。大理少卿胡演曰：『顺德枉法受财，罪不可赦，奈何复赐之绢？』上曰：『彼有人性，得绢之辱，甚于受刑；如不知愧，一禽兽耳，杀之何益！』

辛丑，天节将军燕郡王李艺据泾州反。[7]

艺之初入朝也，恃功骄倨，秦王左右至其营，艺无故殴之。上皇怒，收艺系狱，既而释之。上即位，艺内不自安。曹州妖巫李五戒谓艺曰：『王贵色已发！』劝之反。艺乃诈称奉密敕，勒兵入朝。遂引兵至幽州，幽州治中赵慈皓驰出谒之，艺入据幽州。诏吏部尚书长孙无忌等为行军总管以讨之。赵慈皓闻官军将至，密与统军杨岌图之，事泄，艺囚慈皓。岌在城外觉变，勒兵攻之，艺众溃，弃妻子，将奔突厥。至乌氏，⑧左右斩之，传首长安。弟寿，为利州都督，亦坐诛。

初，隋末丧乱，豪杰并起，拥众据地，自相雄长；唐兴，相帅来归，上皇为之割置州县以宠禄之，由是州县之数，倍于开皇、大业之间。上以民少吏多，思革其弊；二月，命大加并省，因山川形便，分为十道：一曰关内，二曰河南，三曰河东，四曰河北，五曰山南，六曰陇右，七曰淮南，八曰江南，九曰剑南，十曰岭南。

【注释】

①太宗：姓李，讳世民（公元599～649年），唐朝皇帝，李渊次子，公元627～649年在位。反隋，消灭割据势力，成为统一战争的主帅，战功卓著。武德九年（公元626年），『玄武门之变』，杀太子建成、齐王元吉，迫使李渊传位。即位后，善于治国，史称『贞观之治』。死后，初谥文皇帝，庙号太宗。②贞观：唐太宗李世民的年号。③《秦王破陈乐》：乐曲名。为太宗做秦王时，破刘武周，军中相与作此乐曲。④入阁：唐西内太极殿为朔望受朝之所，东西有二上阁，西阁门可入北转至两仪殿，则日常朝见所，由阁门入至两仪殿朝见叫入阁。⑤兵部郎中：掌判帐及天下武官之阶品、卫府之名数。⑥搜擿疵颣：搜挑毛病。疵，小毛病；颣，丝上的小结。都引申为毛病、过失。⑦天节将军：宜州道置军为天节将军，置将军一人，故称。⑧乌氏：县名。今宁夏固原县东南。

三月，癸巳，皇后帅内外命妇亲蚕。①

闰月，癸丑朔，日有食之。

壬申，上谓太子少师萧瑀曰：『朕少好弓矢，得良弓十数，自谓无以加，近以示弓工，乃曰「皆非良材」。朕问其故，工曰：「木心不直，则脉理皆邪，弓虽劲而发矢不直。」朕始寤向者辨之未精也。朕以弓矢定四方，识之犹未能尽，况天下之务，其能遍知乎！』乃命京官五品以上更宿中书内省，数延见，问以民间疾苦，政事得失。

凉州都督长乐王幼良，性粗暴，左右百余人，皆无赖子弟，侵暴百姓；又与羌、胡互市。或告幼良有异志，上遣中书令宇文士及驰驿代之，并按其事。左右惧，谋劫幼良入北虏，又欲杀士及据有河西。②复有告其谋者，夏，四月，癸巳，赐幼良死。

五月，苑君璋帅众来降。初，君璋引突厥陷马邑，杀高满政，退保恒安。③其众皆中国人，多弃君璋来降。君璋惧，亦降，请捍北边以赎罪，上皇许之。君璋请约契，上皇雁门人元普赐之金券。④颉利可汗复遣人招之，君璋犹豫未决，恒安人郭子威说君璋以『恒安地险城坚，突厥方强，且当倚之以观变，未可束手于人。』君璋乃执元普送突厥，复与之合，数与突厥入寇。至是，见颉利政乱，知其不足恃，遂帅众来降。上以君璋为隰州都督、芮国公。

有上书请去佞臣者，上问：『佞臣为谁？』对曰：『臣居草泽，不能的知其人，愿陛下与群臣言，或阳怒以试之，彼执理不屈者，直臣也，畏威顺旨者，佞臣也。』上曰：『君，源也；臣，流也；浊其源而求其流之清，不可得矣。君自为诈，何以责臣下之直乎！朕方以至诚治天下，见前世帝王好以权谲小数接其臣下者，常窃耻之。卿策虽善，朕不取也。』

六月，辛巳，右仆射密明公封德彝薨。⑤

壬辰，复以太子少师萧瑀为左仆射。

戊申，上与侍臣论周、秦修短，萧瑀对曰：『纣为不道，武王征之。周及六国无罪，始皇灭之。得天下虽同，人心则异。』上曰：『公知其一，未知其二。周得天下，增修仁义；秦得天下，益尚诈力；此修短之所以殊也。盖取之或可以逆得，守之不可以不顺故也。』瑀谢不及。

山东大旱，诏所在赈恤，无出今年租赋。

秋，七月，壬子，以吏部尚书长孙无忌为右仆射。无忌与上为布衣交，加以外戚，有佐命功，上委以腹心，其礼遇群臣莫及，欲用为宰相者数矣。⑥文德皇后固请曰：『妾备位椒房，⑦家之贵宠极矣，诚不愿兄弟复执国政。吕、霍、上官，⑧可为切骨之戒，幸陛下矜察！』上不听，卒用之。

初，突厥性淳厚，政令质略。颉利可汗得华人赵德言，委用之。德言专其威福，多变更旧俗，政令烦苛，国人始不悦。颉利又好信任诸胡而疏突厥，胡人贪冒，多反覆，兵革岁动；会大雪，深数尺，杂畜多死，连年饥馑，民皆冻馁。颉利用度不给，重敛诸部，由是内外离怨，诸部多叛，兵浸弱。言事者多请击之，上以问萧瑀、长孙无忌曰：『颉利君臣昏虐，危亡可必。今击之，则新与之盟；不击，恐失机会；如何而可？』瑀请击之。无忌对曰：『虏不犯塞而弃信劳民，非王者之师也。』上乃止。

上问公卿以享国久长之策，萧瑀言：『三代封建而久长，秦孤立而速亡。』上以为然，于是始有封建之议。

黄门侍郎王珪有密奏，附侍中高士廉，寝而不言。上闻之，八月，戊戌，出士廉为安州大都督。⑨

九月，庚戌朔，日有食之。

辛酉，中书令宇文士及罢为殿中监，⑩御史大夫杜淹参豫朝政。⑪他官参豫政事自此始。

淹荐刑部员外郎邸怀道，⑫上问其行能，对曰：『炀帝将幸江都，召百官问行留之计，怀道为吏部主事，⑬独言不可。臣亲见之。』上曰：『卿称怀道为是，何为自不正谏？』对曰：『臣尔日不居重任，又知谏不从，徒死无益。』上曰：『卿知炀帝不可谏，何为立其朝？既立其朝，何得不谏？卿仕隋，容可云位卑；后仕王世充，尊显矣，何得亦不谏？』对曰：『臣于世充非不谏，但不从耳。』上曰：『世充若贤而纳谏，不应亡国；若暴而拒谏，卿何得免祸？』淹不能对。上曰：『今日可谓尊任矣，可以谏未？』对曰：『愿尽死。』上笑。

辛未，幽州都督王君廓谋叛，道死。

君廓在州，骄纵多不法，征入朝。长史李玄道，房玄龄从甥也，凭君廓附书，君廓私发之，不识草书，疑其告己罪，行至渭南，⑭杀驿吏而逃，将奔突厥，为野人所杀。

岭南酋长冯盎、谈殿等迭相攻击，久未入朝，诸州奏称盎反，前后以十数；上命将军蔺謩等发江、岭数十州兵讨之。魏征谏曰：『中国初定，岭南瘴疠险远，⑮不可以宿大兵。且盎反状未成，未宜动众。』上曰：『告者道路不绝，何云反状未成？』对曰：『盎若反，必分兵据险，攻掠州县。今告者已数年，而兵不出境，此不反明矣。诸州既疑其反，陛下又不遣使镇抚，彼畏死，故不敢入朝。若遣信臣示以至诚，彼喜于免祸，可不烦兵而服。』上乃罢兵。冬，十月，乙酉，遣员外散骑侍郎李公掩持节慰谕之，盎遣其子智戴随使者入朝。上曰：『魏征令我发一介之使，而岭表遂安，胜十万之师，不可不赏。』赐征绢五百匹。

十二月，壬午，左仆射萧瑀坐事免。

戊申，利州都督义安王李孝常等谋反，⑯伏诛。

孝常因入朝，留京师，与右武卫将军刘德裕及其甥统军元弘善、监门将军长孙安业互说符命，⑰谋以宿卫兵作乱。安业，皇后之异母兄也，嗜酒无赖；父晟卒，弟无忌及后并幼，安业斥还舅氏。⑱及上即位，后不以旧怨为意，恩礼甚厚。及反事觉，后涕泣为之固请曰：『安业罪诚当万死。然不慈于妾，天下知之；今置以极刑，人必谓妾所为，恐亦为圣朝之累。』由是得减死，流嶲州。

或告右丞魏征私其亲戚，上使御史大夫温彦博按之，无状。彦博言于上曰：『征不存形迹，远避嫌疑，心虽无私，亦有可责。』上令彦博让征，且曰：『自今宜存形迹。』它日，征入见，言于上曰：『臣闻君臣同体，宜相与尽诚；若上下但存形迹，则国之兴丧尚未可知，臣不敢奉诏。』上瞿然曰：『吾已悔之。』征再拜曰：『臣幸得奉事陛下，愿使臣为良臣，勿为忠臣。』上曰：『忠、良有以异乎？』对曰：『稷、契、皋陶，⑲君臣协心，俱享尊荣，所谓良臣。龙逄、比干，⑳面折廷争，身诛国亡，所谓忠臣。』上悦，赐绢五百匹。

上神采英毅，群臣进见者，皆失举措；上知之，每见人奏事，必假以辞色，冀闻规谏。尝谓公卿曰：『人欲自见其形，必资明镜；君欲自知其过，必待忠臣。苟其君愎谏自贤，㉑其臣阿谀顺旨，君既失国，臣岂能独全！如虞世基等谄事炀帝以保富贵，炀帝既弑，世基等亦诛。公辈宜用此为戒，事有得失，无毋尽言！』

或上言秦府旧兵，宜尽除武职，追入宿卫。上谓之曰：『朕以天下为家，惟贤是与，岂旧兵之外皆无可信者乎！汝之此意，非所以广朕德于天下也。』

【注释】

①内外命妇：受命封号的妇女。唐分内外命妇，内指宫内女官，自贵妃至侍中；外指宫外王、嗣王、郡王之母、妻为妃，封号有国夫人、郡夫人、郡君、县君、乡君。亲蚕：唐制：皇后以季春吉巳享祀先蚕之神，遂亲采桑饲蚕。②河西：甘肃武威县。③恒安：镇名。今山西大同市附近。④金券：金制券契，一种契约凭证。⑤密明公：为封德彝谥号。⑥『无忌与上』句：布衣交，穿布衣作平民时就有交友之情；外戚，为长孙皇后兄长；佐命功，主要指参与『玄武门之变』；宰相，唐因隋制，以三省之长，尚书令、侍中、中书令共议国政，此宰相之职。又因太宗做过尚书令，避讳，由仆射为尚书省长官，与侍中、中书令号为宰相。无忌以仆射执国政。⑦椒房：原为汉皇后所居宫

殿，以椒泥涂壁，取温、香、多子之义，后用为指代后妃。⑧吕、霍、上官：即汉高祖皇后吕雉、宣帝皇后霍氏、昭帝皇后上官氏，皆父党干政，最后招致灭族之灾。⑨安州：今越南清化省清化县东南。⑩殿中监：官名。掌管帝王食、药、衣、舍、乘、辇的御用官。⑪参豫朝政：参与朝廷大政。此多为宰相职事。⑫刑部员外郎：官名。掌法律、按察、判决。⑬吏部主事：不在吏部正规职官的雇员，主管具体事务。⑭渭南：县名。今陕西渭南县东南。⑮瘴疠：温热地带流行的一种恶性疟疾之类的传染病。⑯利州：今四川广元县。⑰符命：符应天命。古代谓天赐祥瑞与人君，以为受命的凭证。即借自然天象或其他，以兆人事，认为天帝赐命，或符合天命。⑱舅氏：即高士廉为长孙无忌、长孙皇后的舅氏。⑲稷、契、皋陶：稷，后稷，周的始祖，舜时为农官，善耕稼，历来祀为稷神；契，商的始祖，曾任舜的司徒，掌管教化；皋陶，传说东夷族首领之一，曾任舜的掌刑法的官，禹时继续重用。⑳龙逄、比干：龙逄，为夏桀王的大夫，直言敢谏。桀作酒池，淫湎放荡，荒于政事，他极力抗辩劝阻，被囚禁杀害；比干，殷纣王之叔，官至少师。纣淫虐无度，国势危殆，他以死力谏，被纣杀死剖腹验心。㉑愎谏自贤：任性执拗，一意孤行，不听劝谏，自以为贤能。

上谓公卿曰：『昔禹凿山治水而民无谤讟者，与人同利故也。秦始皇营宫室而民怨叛者，病人以利己故也。夫靡丽珍奇，固人之所欲，若纵之不已，则危亡立至。朕欲营一殿，材用已具，鉴秦而止。王公已下，宜体朕此意。』由是二十年间，风俗素朴，衣无锦绣，公私富给。

上谓黄门侍郎王珪曰：『国家本置中书、门下以相检察，中书诏敕或有差失，则门下当行驳正。①人心所见，互有不同，苟论难往来，务求至当，舍己从人，亦复何伤！比来或护己之短，遂成怨隙，或苟避私怨，知非不正，顺一人颜情，为兆民之深患，此乃亡国之政也。炀帝之世，内外庶官，务相顺从，当是之时，皆自谓有智，祸不及身。及天下大乱，家国两亡，虽其间万一有得免者，亦为时论所贬，终古不磨。卿曹各当徇公忘私，勿雷同也！』②

上谓侍臣曰：『吾闻西域贾胡得美珠，剖身以藏之，有诸？』侍臣曰：『有之。』上曰：『人皆知彼之爱珠而不爱其身也；吏受赇抵法，与帝王徇奢欲而亡国者，何以异于彼胡之可笑邪！』魏征曰：『昔鲁哀公谓孔子曰：「人有好忘者，徙宅而忘其妻。」孔子曰：「又有甚者，桀、纣乃忘其身。」亦犹是也。』上曰：『然。朕与公辈宜戮力相辅，庶免为人所笑也！』

青州有谋反者，州县逮捕支党，收系满狱，诏殿中侍御史安喜崔仁师覆按之。③仁师至，悉脱去杻械，④与饮食汤沐，宽慰之，止坐其魁首十余人，余皆释之。还报，敕使将往决之。⑤大理少卿孙伏伽谓仁师曰⑥：『足下平反者多，人情谁不贪生，恐见徒侣得免，⑦未肯甘心，深为足下忧之。』仁师曰：『凡治狱当以平恕为本，岂可自规免罪，⑧知其冤而不为伸邪！万一闇短，⑨误有所纵，以一身易十囚之死，亦所愿也。』伏伽惭而退。及敕使至，更讯诸囚，皆曰：『崔公平恕，事无枉滥，⑩请速就死。』无一人异辞者。

上好骑射，孙伏伽谏，以为：『天子居则九门，⑪行则警跸，⑫非欲苟自尊严，乃为社稷生民之计也。陛下好自走马射的以娱悦近臣，此乃少年为诸王时所为，非今日天子事业也。既非所以安养圣躬，又非所以仪刑后世，⑬臣窃为陛下不取。』上悦。未几，以伏伽为谏议大夫。

隋世选人，十一月集，至春而罢，人患其期促。至是，吏部侍郎观城刘林甫奏四时听选，⑭随阙注拟，人以为便。唐初，士大夫以乱离之后，不乐仕进，官员不充。省符下诸州差人赴选，州府及诏使多以赤牒补官。⑮至是尽省之，勒赴省选，集者七千余人，林甫随才铨叙，⑯各得其所，时人称之。诏以关中米贵，始分人于洛州选。

上谓房玄龄曰：『官在得人，不在员多。』命玄龄并省，留文武总六百四十三员。

隋秘书监晋陵刘子翼，⑰有学行，性刚直，朋友有过，常面责之。李百药常称：『刘四虽复骂人，⑱人终不恨。』是岁，有诏征之，辞以母老，不至。

鄃令裴仁轨私役门夫，⑲上怒，欲斩之。殿中侍御史长安李乾祐谏曰⑳：『法者，陛下所与天下共也，非陛下所独有也。今仁轨坐轻罪而抵极刑，臣恐人无所措手足。』上悦，免仁轨死，以乾祐为侍御史。

上尝语及关中、山东人，意有同异。殿中侍御史义丰张行成跪奏曰㉑：『天子以四海为家，不当有东西之异；恐示人以隘。』上善其言，厚赐之。自是每有大政，常使预议。

初，突厥既强，敕勒诸部分散，㉒有薛延陀、回纥、都播、骨利干、多滥葛、同罗、仆固、拔野古、思结、浑、斛薛、结、阿跌、契苾、白霫等十五部，皆居碛北，㉓风俗大抵与突厥同；薛延陀于诸部为最强。

西突厥曷萨那可汗方强，敕勒诸部皆臣之。曷萨那征税无度，诸部皆怨。曷萨那诛其渠帅百余人，敕勒相帅叛之，共推契苾哥楞为易勿真莫贺可汗，居贪于山北。又以薛延陀乙失钵为也咥小可汗，居燕末山北。及射匮可汗兵复振，薛延陀、契苾二部并去可汗之号以臣之。

回纥等六部在郁督军山者，㉔东属始毕可汗。统叶护可汗势衰，乙失钵之孙夷男帅其部落七万余家，附于颉利可汗。颉利政乱，薛延陀与回纥、拔野古等相帅叛之。颉利遣其兄子欲谷设将十万骑讨之，回纥酋长菩萨将五千骑，与战于马鬣山，大破之。欲谷设走，菩萨追至天山，㉕部众多为所虏，回纥由是大振。薛延陀又破其四设，㉖颉利不能制。

颉利益衰，国人离散。会大雪，平地数尺，羊马多死，民大饥，颉利恐唐乘其弊，引兵入朔州境上，扬言会猎，实设备焉。鸿胪卿郑元璹使突厥还，㉗言于上曰：『戎狄兴衰，专以羊马为侯。今突厥民饥畜瘦，此将亡之兆也，不过三年。』上然之。群臣多劝上乘间击突厥，上曰：『新与人盟而背之，不信；利人之灾，不仁；乘人之危以取胜，不武。纵使其种落尽叛，六畜无余，朕终不击，必待有罪，然后讨之。』

西突厥统叶护可汗遣真珠统俟斤与高平王道立来，㉘献万钉宝钿金带，马五千匹，以迎公主。颉利不欲中国与之和亲，数遣兵入寇，又遣人谓统叶护曰：『汝迎唐公主，要须经我国中过。』统叶护患之，未成昏。

【注释】

①『国家本置中书、门下』句：唐制，凡诏旨敕命，玺书册命，皆中书舍人起草进书，既下，则署行而过门下省，有不便者，涂窜而奏还，谓之涂归。②雷同：不当相同而相同。③殿中侍御史：官名。曹魏时，兰台遣御史二人居殿中，伺察奸非，遂称；唐从七品下，掌朝廷供奉之仪式。安喜：县名。今河北定县。覆按：也作『复案』。反复按验。④杻械：手铐脚镣。⑤敕使：亲奉皇帝诏令的使者。⑥大理少卿：即大理寺少卿，为隋唐最高司法官。⑦徒侣：罪徒伙伴。⑧规：规划，图谋。⑨阘短：昏昧出现短处、差错。⑩枉滥：枉法越轨。⑪九门：指宫廷。因宫廷禁卫，门户重重；九门，九重门，九为概数，泛指宫廷深邃，门户众多。⑫警跸：指皇帝尊严，出警入跸，出入必警戒，清除道路闲杂人员，保证安全。⑬仪刑：犹言法式，作为楷模。⑭观城：今河南清丰县南。⑮赤牒：空白的牒书，即空白信。⑯铨叙：根据官吏的资绩，确定其升降等级。⑰晋陵：今江苏常州市。⑱刘四：刘子翼排行第四，唐

人多以第行相呼。⑲鄃：县名。今山东夏津县。⑳侍御史：官名。唐制，侍御史，从六品下，殿中侍御史，从七品下，侍御史高于殿中侍御史。㉑义丰：今河北安国县。㉒敕勒：我国古代北方民族名。㉓碛北：即漠北，今蒙古高原大沙漠以北地区。㉔郁督军山：今蒙古人民共和国境内杭爱山的东支。㉕天山：今蒙古人民共和国境内杭爱山脉。㉖四设：突厥号典兵者为设；四设，四部帅之典兵者。㉗鸿胪卿：官名。掌宾客及凶仪之事的官。㉘高平王道立来：事见高祖武德八年，奉命出使西突厥，故有此来。

二年 春，正月，辛亥，右仆射长孙无忌罢。时有密表称无忌权宠过盛者，上以表示之，曰：『朕于卿洞然无疑，若各怀所闻而不言，则君臣之意有不通。』又召百官谓之曰：『朕诸子皆幼，视无忌如子，非他人所能间也。』无忌自惧满盈，固求逊位，皇后又力为之请，上乃许之，以为开府仪同三司。①

置六司侍郎，②副六尚书；并置左右司郎中各一人。③

癸丑，吐谷浑寇岷州，都督李道彦击走之。

丁巳，徙汉王恪为蜀王，卫王泰为越王，楚王祐为燕王。

上问魏征曰：『人主何为而明，何为而暗？』对曰：『兼听则明，偏信则暗。昔尧清问下民，故有苗之恶得以上闻；④舜明四目，达四聪，故共、鲧、欢兜不能蔽也。秦二世偏信赵高，以成望夷之祸；⑤梁武帝偏信朱异，以取台城之辱；⑥隋炀帝偏信虞世基，以致彭城阁之变。⑦是故人君兼听广纳，则贵臣不得拥蔽，而下情得以上通也。』上曰：『善！』

上谓黄门侍郎王珪曰：『开皇十四年大旱，隋文帝不许赈给，而令百姓就食山东，比至末年，天下储积可供五十年。炀帝恃其富饶，侈心无厌，卒亡天下。但使仓廪之积足以备凶年，其余何用哉！』

二月，上谓侍臣曰：『人言天子至尊，无所畏惮。朕则不然，上畏皇天之监临，下惮群臣之瞻仰，兢兢业业，犹恐不合天意，未副人望。』魏征曰：『此诚致治之要，愿陛下慎终如始，则善矣。』

上谓房玄龄等曰：『为政莫若至公。昔诸葛亮窜廖立、李严于南夷，亮卒而立、严皆悲泣，有死者，非至公能如是乎！⑧又高颎为隋相，公平识治体，隋之兴亡，系颎之存没。朕既慕前世之明君，卿等不可不法前世之贤相也。』

三月，戊寅朔，日有食之。

壬子，大理少卿胡演进每月囚帐；上命自今大辟皆令中书、门下四品已上及尚书议之，⑨庶无冤滥。既而引囚，至岐州刺史郑善果，上谓胡演曰：『善果虽复有罪，官品不卑，岂可使与诸囚为伍。自今三品以上犯罪，不须引过，听于朝堂俟进止。』⑩

关内旱饥，民多卖子以接衣食；己巳，诏出御府金帛为赎之，归其父母。庚午，诏以去岁霖雨，今兹旱、蝗，赦天下。诏书略曰：『若使年谷丰稔，天下又安，移灾朕身，以存万国，是所愿也，甘心无吝。』会所在有雨，民大悦。

夏，四月，己卯，诏以『隋末乱离，因之饥馑，暴骸满野，伤人心目，宜令所在官司收瘗。』⑪

初，突厥突利可汗建牙直幽州之北，主东偏，奚、霫等数十部多叛突厥来降，颉利可汗以其失众责之。及薛延陀、回纥等败欲谷设，颉利遣突利讨之，突利兵又败，轻骑奔还。颉利怒，拘之十余日而挞之，突利由是怨，阴欲叛颉利。颉利数征兵于突利，突利不与，表请入朝。上谓侍臣曰：『向者突厥之强，控弦百万，凭陵中夏，用是骄恣，以失其民。今自请入朝，非困穷，肯如是乎！朕闻之，且喜且惧。何则？突厥衰则边境安矣，故喜。然朕或失道，它日亦将如突厥，能无惧乎！卿曹宜不惜苦谏，以辅朕之不逮也。』

颉利发兵攻突利，丁亥，突利遣使来求救。上谋于大臣曰：『朕与突利为兄弟，⑫有急不可不救。然颉利亦与之有盟，⑬奈何？』兵部尚书杜如晦曰：『戎狄无信，终当负约，今不因其乱而取之，后悔无及。夫取乱侮亡，古之道也。』

丙申，契丹酋长帅其部落来降。颉利遣使请以梁师都易契丹，⑭上谓使者曰：『契丹与突厥异类，今来归附，何故索之！师都中国之人，盗我土地，暴我百姓，突厥受而庇之，我兴兵致讨，辄来救之，彼如鱼游釜中，何患不为我有！借使不得，亦终不以降附之民易之也。』

先是，上知突厥政乱，不能庇梁师都，以书谕之，师都不从。上遣夏州都督长史刘旻、司马刘兰成图之，旻等数遣轻骑践其禾稼，多纵反间，离其君臣，其国渐虚，降者相属。其名将李正宝等谋执师都，事泄，来奔，由是上下益相疑。旻等知可取，上表请兵。上遣右卫大将军柴绍、殿中少监薛万均击之，又遣旻等据朔方东城以逼之。

师都引突厥兵至城下，刘兰成偃旗卧鼓不出。师都宵遁，兰成追击，破之。突厥大发兵救师都，柴绍等未至朔方数十里，与突厥遇，奋击，大破之，遂围朔方。突厥不敢救，城中食尽。壬寅，师都从父弟洛仁杀师都，以城降，以其地为夏州。

【注释】

①开府仪同三司：唐宋以之为文散官第一阶。开建府署，辟置僚属，礼仪如同三司，不带职官，亦与朝参禄俸。②六司侍郎：即隶属尚书省的吏、户、礼、兵、刑、工的六部侍郎。③左右司郎中：唐尚书省仆射下左右丞下属官。左丞领吏、户、礼十二司，右丞领兵、刑、工十二司，左、右司郎中各掌副司事，任监督稽核之职。④『昔尧』句：『皇帝清问下民，鳏寡有辞于苗。』『清问』，讯问；『辞于苗』，对苗有怨辞。此为兼听实例。⑤望夷之祸：在望夷宫的灾祸。言秦二世胡亥在位，偏信赵高，导致赵高派其婿在望夷宫威逼他自杀的灾祸。⑥台城之辱：南朝梁武帝萧衍，偏信朱异，接受反复无常的北魏大将侯景归降，导致侯景围攻他，在台城饥病而死。⑦彭城阁之变：隋炀帝刚愎自用，偏信瞒上欺下的虞世基，导致宇文化及兵变，威逼自杀于彭城阁。⑧『昔诸葛亮』句：廖立、李严，因职位游散，怨谤无已，被废徙南夷，但诸葛亮死，而立垂泪，严痛死。言亮至公。⑨大辟：死罪，处死刑法。⑩朝堂：唐皇宫太极宫承天门左右有东西朝堂。⑪瘗：埋葬。⑫为兄弟：结为兄弟。⑬有盟：有盟约。⑭契丹：我国古民族名。为东胡族的一支，居今辽河上游西拉木伦河一带，以游牧为生。

太常少卿祖孝孙[1]以为梁、陈之音多吴、楚，周、齐之音多胡、夷，于是斟酌南北，考以古声，作《唐雅乐》，凡八十四调、三十一曲、十二和。[2]诏协律郎张文收与孝孙同修定。[3]六月，乙酉，孝孙等奏新乐。上曰：『礼乐者，盖圣人缘情以设教耳，治之隆替，岂由于此？』御史大夫杜淹曰：『齐之将亡，作《伴侣曲》，[4]陈之将亡，作《玉树后庭花》，[5]其声哀思，行路闻之皆悲泣，何得言治之隆替不在乐也！』上曰：『不然。夫乐能感人，故乐者闻之则喜，忧者闻之则悲，悲喜在人心，非由乐也。将亡之政，民必愁苦，故闻乐而悲耳。今二曲具存，朕为公奏之，公岂悲乎？』右丞魏征曰：『古人称「礼云礼云，玉帛云乎哉！乐云乐云，钟鼓云乎哉！」[6]乐诚在人和，不在声音也。』

臣光曰：『臣闻倕能目制方圆，[7]心度曲直，然不能以教人，其所以教人者，必规矩而已矣。圣人不勉而中，不思而得，然不能以授人，其所以授人者，必礼乐而已矣。礼者，圣人之所履也；乐者，圣人之所乐也。圣人履中正而乐和平，又思与四海共之，百世传之，于是乎作礼乐焉。故工人执垂之规矩而施之器，是亦垂之功已；王者执五帝、三王之礼乐而施之世，是亦五帝、三王之治已。五帝、三王，其违世已久，后之人见其礼知其所履，闻其乐知其所乐，炳然若犹存于世焉。此非礼乐之功邪？

夫礼乐有本、有文：中和者，本也；容声者，末也；二者不可偏废。先王守礼乐之本，未尝须臾去于心，行礼乐之文，未尝须臾远于身。兴于闺门，著于朝廷，被于乡遂比邻，达于诸侯，流于四海，自祭祀军旅至于饮食起居，未尝不在礼乐之中；如此数十百年，然后治化周浃，凤凰来仪也。⑧苟无其本而徒有其末，一日行之而百日舍之，求以移风易俗，诚亦难矣。是以汉武帝置协律，⑨歌天瑞，非不美也，不能免哀痛之诏。⑩王莽建羲和，⑪考律吕，非不精也，不能救渐台之祸。⑫晋武制笛尺，⑬调金石，非不详也，不能弭平阳之灾。⑭梁武帝立四器，调八音，非不察也，不能免台城之辱。然则韶、夏、濩、武之音，⑮具存于世，苟其余不足以称之，曾不能化一夫，况四海乎！是犹执垂之规矩而无工与材，坐而待器之成，终不可得也。况齐、陈淫昏之主，亡国之音，暂奏于庭，乌能变一世之哀乐乎！而太宗遽云治之隆替不由于乐，何发言之易而果于非圣人也如此？

夫礼非威仪之谓也，然无威仪则礼不可得而行矣。乐非声音之谓也，然无声音则乐不可得而见矣。譬诸山，取其一土一石而谓之山则不可，然土石皆去，山于何在哉！故曰：「无本不立，无文不行。」⑯奈何以齐、陈之音不验于今世，而谓乐无益于治乱，何异睹拳石而轻泰山乎！必若所言，则是五帝、三王之作乐皆妄也，『君子于其所不知，盖阙如也。』⑰惜哉！

戊子，上谓侍臣曰：『朕观《隋炀帝集》，文辞奥博，亦知是尧、舜而非桀、纣，然行事何其反也！』魏征对曰：『人君虽圣哲，犹当虚己以受人，故智者献其谋，勇者竭其力。炀帝恃其俊才，骄矜自用，故口诵尧、舜之言而身为桀、纣之行，曾不自知，以至覆亡也。』上曰：『前事不远，吾属之师也！』

畿内有蝗。辛卯，上入苑中，⑱见蝗，掇数枚，祝之曰：『民以谷为命，而汝食之，宁食吾之肺肠。』举手欲吞之，左右谏曰：『恶物或成疾。』上曰：『朕为民受灾，何疾之避！』遂吞之。是岁，蝗不为灾。

上曰：『朕每临朝，欲发一言，未尝不三思。恐为民害，是以不多言。』给事中知起居事杜正伦曰⑲：『臣职在记言，陛下之言失，臣必书之，岂徒有害于今，亦恐贻讥于后。』上悦，赐帛二百段。

上曰：『梁武帝君臣惟谈苦空，⑳侯景之乱，百官不能乘马。元帝为周师所围，犹讲《老子》，百官戎服以听。此深足为戒。朕所好者，唯尧、舜、周、孔之道，以为如鸟有翼，如鱼有水，失之则死，不可暂无耳。』

以辰州刺史裴虔通，隋炀帝故人，特蒙宠任，而身为弑逆，虽时移事变，屡更赦令，幸免族夷，不可犹使牧民，乃下诏除名，流驩州。㉑虔通常言『身除隋室以启大唐』，自以为功，颇有觖望之色。㉒及得罪，怨愤而死。

秋，七月，诏宇文化及之党莱州刺史牛方裕、绛州刺史薛世良、广州都督长史唐奉义、隋武牙郎将元礼并除名徙边。㉓

上谓侍臣曰：『古语有之：「赦者小人之幸，君子之不幸。」「一岁再赦，善人喑哑。」夫养稂莠者害嘉谷，赦有罪者贼良民，故朕即位以来，不欲数赦，恐小人恃之轻犯宪章故也！』

【注释】

①太常少卿：为太常寺的官员，掌礼乐郊庙社稷事宜。②凡八十四调、三十一曲、十二和：古声律七音，十二律，即十二个标准音。七音与十二律轮番配成八十四调。曲，曲调，曲的调式，每支曲有一定的调式，共三十一个曲子调式。和，唐代乐名，十二和即十二乐名：豫和、顺和、永和、肃和、雍和、寿和、太和、舒和、昭和、休和、正和、承和。③协律郎：主管校正音乐律吕，使之和谐乐官。④《伴侣曲》：曲调名。《旧唐书·音乐志一》：『齐将亡也，而为《伴侣曲》。』⑤《玉树后庭花》：乐府吴声歌曲。为陈后主叔宝所造，歌词绮丽哀婉，太乐令何胥为曲，其音甚哀。⑥『礼云』句：言礼有它深刻的内容，不是单指玉帛等礼物说的；乐有它的具体内容，不是只指钟鼓一类乐器说的，它体现一种政治制度，怎么与治之隆替无关！⑦垂：古代传说中的能工巧匠。⑧凤凰来仪：古代传说每逢太平盛世，凤凰来朝。⑨协律：官名。掌和协声律的官。⑩哀痛之诏：指哀悼戾太子刘据之诏。⑪羲和：官名。为掌管声律的官。⑫渐台之祸：渐台，指汉武帝作建章宫，太液池中之渐台。汉末刘玄兵从平宣门入，王莽逃至渐台上，为众兵所杀。是为渐台之祸。⑬笛尺：笛长一尺，故称。⑭平阳之灾：指怀、愍二帝平阳（今山西襄汾西南）蒙尘之灾。即永嘉五年，刘曜攻进洛阳怀帝被俘平阳，大宴群臣让他青衣行酒，晋旧臣多号泣，把他杀了。曜又攻进长安，愍帝又被俘平阳，不久被杀。⑮《韶》《夏》《濩》《武》：

舜、禹、汤、周武王时的乐曲名称。舜乐曰《韶》，禹乐曰《夏》汤乐曰《濩》，周武王乐曰《武》。⑯『无本』句：引以言礼乐的内容与形式的关系。⑰『君子』句：言对不知者，无妄论。⑱苑：禁苑。⑲给事中知起居事：给事中，为唐门下省的要职，掌驳正政令之违失。知起居事，兼起居事，掌侍从皇帝，记录皇帝言行事。⑳谈苦空：齐、梁风气，清谈、不务实。㉑驩州：今越南义安省演州西安城。㉒觖：不满。㉓武牙郎将：即虎牙郎将，唐避讳，改『虎』为『武』。

太宗文武大圣大广孝皇帝上之中

贞观二年 九月，丙午，初令致仕官位在本品之上。①

上曰：『比见群臣屡上表贺祥瑞，夫家给人足而无瑞，不害为尧、舜；百姓愁怨而多瑞，不害为桀、纣。后魏之世，吏焚连理木，煮白雉而食之，岂足为至治乎！』丁未，诏：『自今大瑞听表闻，②自外诸瑞，申所司而已。』尝有白鹊构巢于寝殿槐上，合欢如腰鼓，左右称贺。上曰：『我常笑隋炀帝好祥瑞。瑞在得贤，此何足贺！』命毁其巢，纵鹊于野外。

天少雨，中书舍人李百药上言：『往年虽出宫人，窃闻太上皇宫及掖庭宫人，③无用者尚多，岂惟虚费衣食，且阴气郁积，亦足致旱。』上曰：『妇人幽闭深宫，诚为可愍。洒扫之余，亦何所用，宜皆出之，任求伉俪。』于是遣尚书左丞戴胄、给事中洹水杜正伦于掖庭西门简出之，前后所出三千余人。

己未，突厥寇边。朝臣或请修古长城，④发民乘堡障，上曰：『突厥灾异相仍，颉利不惧而修德，暴虐滋甚，骨肉相攻，亡在朝夕。朕方为公扫清沙漠，安用劳民远修障塞乎！』

壬申，以前司农卿窦静为夏州都督。⑤静在司农，少卿赵元楷善聚敛，静鄙之，对官属大言曰⑥：『隋炀帝奢侈重敛，司农非公不可；今天子节俭爱民，公何所用哉！』元楷大惭。

上问王珪曰：『近世为国者益不及前古，何也？』对曰：『汉世尚儒术，宰相多用经术士，故风俗淳厚；近世重文轻儒，参以法律，此治化之所以益衰也。』上然之。

【注释】

①致仕：还禄位于君，辞官归居。在本品之上：指诏令参朝之班，宜在本品见任之上。②大瑞：瑞分大、上、中、下，『凡景星、庆云为大瑞，其名物六十有四；白狼、赤兔为上瑞，其名物三十有八；苍鸟、朱雁为中瑞，其名物三十有二；嘉禾、芝草、木连理为下瑞，其名物四十。瑞，祥瑞，古人附会自然物为吉祥之兆。③掖庭：宫中旁舍，妃嫔居住的地方。④古长城：指秦长城。⑤司农卿：掌东耕、仓储等事的官。⑥官属：司农官署，有丞、主簿，监、副监等。

冬，十月，御史大夫参预朝政安吉襄公杜淹薨。

交州都督遂安公寿以贪得罪，①上以瀛州刺史卢祖尚才兼文武，廉平公直，征入朝，谕以『交趾久不得人，须卿镇抚。』祖尚拜谢而出，既而悔之，辞以旧疾。上遣杜如晦等谕旨曰：『匹夫犹敦然诺，②奈何既许朕而复悔之！』祖尚固辞。戊子，上复引见，谕之，祖尚固执不可。上大怒曰：『我使人不行，何以为政！』命斩于朝堂，寻悔之。他日，与侍臣论『齐文宣帝何如人③？』魏征对曰：『文宣狂暴，然人与之争，事理屈则从之。有前青州长史魏恺使于梁还，④除光州长史，⑤不肯行，杨遵彦奏之。文宣怒，召而责之。恺曰：「文宣顾谓遵彦曰：「其言有理，卿赦之。」此其所长也。』上曰：『然。向者卢祖尚虽失人臣之义，朕杀之亦为太暴，由此言之，不如文宣矣！』命复其官荫。⑥

征状貌不逾中人，而有胆略，善回人主意，每犯颜苦谏；或逢上怒甚，征神色不移，上亦为之霁威。⑦尝谒告上冢，⑧还，言于上曰：『人言陛下欲幸南山，外皆严装已毕，而竟不行，何也？』上笑曰：『初实有此心，畏卿嗔，故中辍耳。』上尝得佳鹞，⑨自臂之，望见征来，匿怀中；征奏事固久不已，鹞竟死怀中。

十一月，辛酉，上祀圜丘。⑩

十二月，壬午，以黄门侍郎王珪为守侍中。上尝闲居，与珪语，有美人侍侧，上指示珪曰：『此庐江王瑗之姬也，瑗杀其夫而纳之。』珪避席曰：『陛下以庐江纳之为是邪，非邪？』上曰：『杀人而取其妻，卿何问是非！』对曰：『昔齐桓公知郭公之所以亡，⑪由善善而不能用，然弃其所言之人，管仲以为无异于郭公。今此美人尚在左右，臣以为圣心是之也。』上悦，即出之，还其亲族。

上使太常少卿祖孝孙教宫人音乐，不称旨，上责之。温彦博、王珪谏曰：『孝孙雅士，今乃使之教宫人，又从而谴之，臣窃以为不可。』上怒曰：『朕置卿等于腹心，当竭忠直以事我，乃附下罔上，为孝孙游说邪？』彦博拜谢。珪不拜，曰：『陛下责臣以忠直，今臣所言岂私曲邪！此乃陛下负臣，非臣负陛下。』上默然而罢。明日，上谓房玄龄曰：『自古帝王纳谏诚难，朕昨责温彦博、王珪，至今悔之。公等勿为此不尽言也。』

上曰：『为朕养民者，唯在都督、刺史，朕常疏其名于屏风，坐卧观之，得其在官善恶之迹，皆注于名下，以备黜陟。县令尤为亲民，不可不择。』乃命内外五品已上，各举堪为县令者，以名闻。

上曰：『比有奴告其主反者，此弊事。夫谋反不能独为，必与人共之，何患不发，何必使奴告邪！自今有奴告主者，皆勿受，仍斩之。』

西突厥统叶护可汗为其伯父所杀；伯父自立，是为莫贺咄侯屈利俟毗可汗。国人不服，弩矢毕部推泥孰莫贺设为可汗，泥孰不可。统叶护之子咥力特勒避莫贺咄之祸，亡在康居，泥孰迎而立之，是为乙毗钵罗肆叶护可汗，与莫贺咄相攻，连兵不息，俱遣使来请婚。上不许，曰：『汝国方乱，君臣未定，何得言婚！』且谕以各守部分，勿复相攻。于是西域诸国及敕勒先役属西突厥者皆叛之。

突厥北边诸姓多叛颉利可汗归薛延陀，共推其俟斤夷男为可汗，⑫夷男不敢当。上方图颉利，遣游击将军乔师望间道赍册书拜夷男为真珠毗伽可汗，赐以鼓纛。夷男大喜，遣使入贡，建牙于大漠之郁督军山下，东至靺鞨，西至西突厥，南接沙碛，北至俱伦水；⑬回纥、拔野古、阿跌、同罗、仆骨、霫诸部落皆属焉。

【注释】

①遂安公寿：唐皇家宗室。②敦然诺：注重这样的诺言。③齐文宣帝：北齐建立者高洋，字子进，渤海蓨（今河北景县）人。公元550～559年在位，任用汉族士人杨愔等，以功业自矜，酗酒淫暴，死后谥文宣帝。④青州：今山东淄博市东北临淄镇北。⑤光州：今河南光山县。⑥复其官荫：恢复他的职官，得荫其子孙。⑦霁威：言扰雨霁而雷霆也收威。⑧冢：高坟。⑨鹞：鸟名。青质五彩之雉。⑩圜丘：古时祭天的圆形高坛。⑪『昔齐桓公』句：言扬善去恶是兴亡之本。⑫俟斤：突厥官名。⑬俱伦水：今内蒙古呼伦贝尔盟呼伦湖。

三年 春，正月，戊午，上祀太庙；癸亥，耕藉于东郊。①

沙门法雅坐妖言诛。司空裴寂尝闻其言，辛未，寂坐免官，遣还乡里。寂请留京师，上数之曰：『计公勋庸，安得至此！直以恩泽为群臣第一。武德之际货赂公行，纪纲紊乱，皆公之由也，但以故旧不忍尽法。得归守坟墓，幸已多矣！』寂遂归蒲州。未几，又坐狂人信行言寂有天命，寂不以闻，当死；流静州。②会山羌作乱，或言劫寂为主。上曰：『寂当死，我生之，必不然也。』俄闻寂帅家僮破贼。上思其佐命之功，征入朝，会卒。

二月，戊寅，以房玄龄为左仆射，杜如晦为右仆射，以尚书右丞魏征守秘书监，参预朝政。

三月，己酉，上录系囚。有刘恭者，颈有『胜』文，自云『当胜天下』，坐是系狱。上曰：『若天将兴之，非朕所能除；若无天命，「胜」文何为！』乃释之。

丁巳，上谓房玄龄、杜如晦曰：『公为仆射，当广求贤人，随才授任，此宰相之职也。比闻听受辞讼，日不暇给，安能助朕求贤乎！』因敕『尚书细务属左右丞，唯大事应奏者，乃关仆射。』

玄龄明达吏事，辅以文学，③夙夜尽心，惟恐一物失所；用法宽平，闻人有善，若己有之，不以求备取人，不以己长格物。与杜如晦引拔士类，常如不及。至于台阁规模，皆二人所定。上每与玄龄谋事，必曰：『非如晦不能决。』及如晦至，卒用玄龄之策。盖玄龄善谋，如晦能断故也。二人深相得，同心徇国，故唐世称贤相者，推房、杜焉。玄龄虽蒙宠待，或以事被谴，辄累日诣朝堂，稽颡请罪，恐惧若无所容。

玄龄监修国史，上语之曰：『比见《汉书》载《子虚》《上林赋》，④浮华无用。其上书论事，词理切直者，朕从与不从，皆当载之。』

夏，四月，乙亥，上皇徙居弘义宫，更名大安宫。⑤上始御太极殿，⑥谓侍臣曰：『中书、门下，机要之司，诏敕有不便者，皆应论执。比来唯睹顺从，不闻违异。若但行文书，则谁不可为，何必择才也！』房玄龄等皆顿首谢。故事：凡军国大事，则中书舍人各执所见，杂署其名，谓之五花判事。中书侍郎、中书令省审之，给事中、黄门侍郎驳正之。上始申明旧制，由是鲜有败事。

茌平人马周，⑦客游长安，舍于中郎将常何之家。六月，壬午，以旱，诏文武官极言得失。何武人不学，不知所言，周代之陈便宜二十余条。上怪其能，以问何，对曰：『此非臣所能，家客马周为臣具草耳。』上即召之；未至，遣使督促者数辈。及谒见，与语，甚悦，令直门下省，寻除监察御史，⑧奉使称旨。上以常何为知人，赐绢三百匹。

秋，八月，己巳朔，日有食之。

丙子，薛延陀毗伽可汗遣其弟统特勒入贡，上赐以宝刀及宝鞭，谓曰：『卿所部有大罪者斩之，小罪者鞭之。』夷男甚喜。突厥颉利可汗大惧，始遣使称臣，请尚公主，修婿礼。

代州都督张公谨上言突厥可取之状，以为：『颉利纵欲逞暴，诛忠良，昵奸佞，一也。薛延陀等诸部皆叛，二也。突利、拓设、欲谷设皆得罪，无所自容，三也。塞北霜早，糇粮乏绝，⑨四也。颉利疏其族类，亲委诸胡，胡人反覆，大军一临，必生内变，五也；华人入北，其众甚多，比闻所在啸聚，保据山险，大军出塞，自然响应，六也。』

上以颉利可汗既请和亲，复援梁师都，丁亥，命兵部尚书李靖为行军总管讨之，以张公谨为副。

九月，丙午，突厥俟斤九人帅三千骑来降。戊午，拔野古、仆骨、同罗、奚酋长并帅众来降。

【注释】

①耕藉于东郊：皇上亲率耕农田于东郊。古代帝王于春耕前亲率耕田，以此劝农，供民力以治，奉祀宗庙。故礼，天子藉田于南郊，而太宗藉田于东郊，盖因即位于东宫，居少阳之地故。②静州：今广西昭平县。③文学：文献经典，法律制度。④《子虚》《上林赋》：以设子虚使者、乌有先生相难的对话形式，叙天子上林游猎的盛况。文辞浮藻华丽。⑤大安公：弘义宫更名，在古长安城西。⑥始御太极殿：高祖传位，太宗即位显德殿，高祖居大安宫，始御太极殿。⑦茌平：县名。今山东茌平县西南。⑧监察御史：官名。掌分察百僚，巡按郡县，纠视刑狱，肃整朝议。⑨糇粮：干粮。

冬，十一月，辛丑，突厥寇河西，[1]肃州刺史公孙武达、甘州刺史成仁重与战，[2]破之，捕虏千余口。

上遣使至凉州，都督李大亮有佳鹰，使者讽大亮使献之，大亮密表曰：『陛下久绝畋游而使者求鹰。若陛下之意，深乖昔旨；如其自擅，乃是使非其人。』癸卯，上谓侍臣曰：『李大亮可谓忠直。』手诏褒美，赐以胡缾及荀悦《汉纪》。[3]

庚申，以并州都督李世勣为通汉道行军总管，[4]兵部尚书李靖为定襄道行军总管，华州刺史柴绍为金河道行军总管，灵州大都督薛万彻为畅武道行军总管，众合十余万，皆受李靖节度，分道出击突厥。

乙丑，任城王道宗击突厥于灵州，破之。

十二月，戊辰，突利可汗入朝，上谓侍臣曰：『往者太上皇以百姓之故，称臣于突厥，朕常痛心。今单于稽颡，庶几可雪前耻。』

壬午，靺鞨遣使入贡，上曰：『靺鞨远来，盖突厥已服之故也。昔人谓御戎无上策，[5]朕今治安中国，而四夷自服，岂非上策乎！』

癸未，右仆射杜如晦以疾逊位，上许之。

乙酉，上问给事中孔颖达曰：『《论语》：「以能问于不能，以多问于寡，有若无，实若虚。」[6]何谓也？』颖达具释其义以对，且曰：『非独匹夫如是，帝王亦然。帝王内蕴神明，外当玄默，故《易》称「以蒙养正，以明夷莅众。」[7]若位居尊极，炫耀聪明，以才陵人，饰非拒谏，则下情不通，取亡之道也。』上深善其言。

庚寅，突厥郁射设帅所部来降。

闰月，丁未，东谢酋长谢元深、南谢酋长谢强来朝。诸谢皆南蛮别种，在黔州之西。诏以东谢为应州、南谢为庄州，[8]隶黔州都督。

是时远方诸国来朝贡者甚众，服装诡异，中书侍郎颜师古请图写以示后，作《王会图》，从之。

乙丑，牂柯酋长谢能羽及充州蛮入贡，[9]诏以牂柯为牂州；党项酋长细封步赖来降，[10]以其地为轨州；[11]各以其酋长为刺史。党项地亘三千里，姓别为部，不相统壹，细封氏、费听氏、往利氏、颇超氏、野辞氏、旁当氏、米擒氏、拓跋氏，皆大姓也。步赖既为唐所礼，余部相继来降，以其地为崌、奉、岩、远四州。[12]

是岁，户部奏：中国人自塞外归，及四夷前后降附者，男子一百二十余万口。

房玄龄、珪掌内外官考，[13]治书侍御史万年权万纪奏其不平，[14]上命侯君集推之。魏征谏曰：『玄龄、珪皆朝廷旧臣，素以忠直为陛下所委，所考既多，其间能无一二人不当！察其情，终非阿私。若推得其事，则皆不可信，岂得复当重任！且万纪比来恒在考堂，曾无驳正；及身不得考，乃始陈论。此正欲激陛下之怒，非竭诚徇国也。使推之得实，未足裨益朝廷；若其本虚，徒失陛下委任大臣之意。臣所爱者治体，非敢苟私二臣。』上乃释不问。

濮州刺史庞相寿坐贪污解任，自陈尝在秦王幕府；上怜之，欲听还旧任。魏征谏曰：『秦府左右，中外甚多，恐人人皆恃恩私，是使为善者惧。』上欣然纳之，谓相寿曰：『我昔为秦王，乃一府之主；今居大位，乃四海之主，不得独私故人。大臣所执如是，朕何敢违！』赐帛遣之。相寿流涕而去。

【注释】

①河西：指甘肃、青海二省黄河以西，即河西走廊与湟水流域一带。②肃州：今甘肃酒泉市。甘州：今甘肃张掖市西北。③《汉纪》：书名。东汉荀悦撰，以《汉书》删汰其繁辞，仿《左传》编年体的一部史书。④通汉道：《旧

唐书·李勣传》作『通漠道』，后高宗时裴行俭遣兵由『通漠道』掩取阿史那伏念辎重，当从之。⑤昔人谓御戎无上策：新莽，严尤谏曰：『匈奴为害，所从来久，周、秦、汉征之，皆未有得上策者也；周得中策，汉得下策，秦无策焉。』⑥『以能』句：言应虚怀若谷，不耻下问。⑦『《易》称』句：言以蒙雅培养纯正无邪的品质；以明智藏晦来谨慎治理民众。此借以说明帝王要内蕴神明，外当玄默，为至治之道，否则就是灭亡之道。⑧应州：今贵州三都水族自治县东。庄州：今贵州贵阳市南青岩附近。⑨牂柯：郡名。今贵州凯里县西北。充州：今贵州石阡县西南。⑩党项：我国古民族名，西羌的一支，初居青海、甘肃、四川边界一带。⑪轨州：今四川阿坝县附近。⑫岷、奉、岩、远四州：皆在今四川松藩县西北。⑬内外官考：即百官考。唐考法：凡百司之长，岁校其署功过，差以九等。分九等的依据是四善、二十七最。四善为：德义有闻；清慎明著；公平可称；恪勤匪懈。二十七最为各司职不同，各有标准。⑭治书侍御史：官名，职在审讯、纠劾。

四年 春，正月，李靖帅骁骑三千自马邑进屯恶阳岭，夜袭定襄，[1]破之。突厥颉利可汗不意靖猝至，大惊曰：『唐不倾国而来，靖何敢孤军至此！』其从一日数惊，乃徙牙于碛口。靖复遣谍离其心腹，颉利所亲康苏密以隋萧后及炀帝之孙政道来降。乙亥，至京师。先是，有降胡言『中国人或潜通书启于萧后者』。至是，中书舍人杨文瓘请鞫之，上曰：『天下未定，突厥方强，愚民无知，或有斯事。今天下已安，既往之罪，何须问也！』

李世勣出云中，与突厥战于白道，[2]大破之。

二月，己亥，上幸骊山温汤。

甲辰，李靖破突厥颉利可汗于阴山。

先是，颉利既败，窜于铁山，余众尚数万；遣执失思力入见，谢罪，请举国内附，身自入朝。上遣鸿胪卿唐俭等慰抚之，又诏李靖将兵迎颉利。颉利外为卑辞，内实犹豫，欲俟草青马肥，亡入漠北。靖引兵与李世勣会白道，相与谋曰：『颉利虽败，其众犹盛，若走度碛北，保依九姓，[3]道阻且远，追之难及。今诏使至彼，虏必自宽，若选精骑一万，赍二十日粮往袭之，不战可擒矣。』以其谋告张公谨，公谨曰：『诏书已许其降，使者在彼，奈何击之！』靖曰：『此韩信所以破齐也。[4]唐俭辈何足惜！』遂勒兵夜发，世勣继之，军至阴山，遇突厥千余帐，俘以随军。颉利见使者，大喜，意自安。靖使武邑苏定方帅二百骑为前锋，⑤乘雾而行，去牙帐七里，虏乃觉之。颉利乘千里马先走，靖军至，虏众遂溃。唐俭脱身得归。靖斩首万余级，俘男女十余万，获杂畜数十万，杀隋义成公主，擒其子叠罗施。颉利帅万余人欲度碛，李世勣军于碛口，颉利至，不得度，其大酋长皆帅众降，世勣虏五万余口而还。斥地自阴山北至大漠，露布以闻。

丙午，上还宫。

甲寅，以克突厥赦天下。

以御史大夫温彦博为中书令，守侍中王珪为侍中；守户部尚书戴胄为户部尚书，参预朝政；太常少卿萧瑀为御史大夫，与宰臣参议朝政。

三月，戊辰，以突厥夹毕特勒阿史那思摩为右武修大将军。

四夷君长诣阙请上为天可汗，上曰：『我为大唐天子，又下行可汗事乎？』群臣及四夷皆称万岁。是后以玺书赐西北君长，皆称天可汗。

庚午，突厥思结俟斤帅众四万来降。

丙子，以突利可汗为右卫大将军、北平郡王。

初，始毕可汗以启民母弟苏尼失为沙钵罗设，督部落五万家，牙直灵州西北。及颉利政乱，苏尼失所部独不携贰。突利之来奔也，颉利立之为小可汗。及颉利败走，往依之，将奔吐谷浑。大同道行军总管任城王道宗引兵逼之，使苏尼失执送颉利。颉利以数骑夜走，匿于荒谷。苏尼失惧，驰追获之。庚辰，行军副总管张宝相帅众奄至沙钵罗营，俘颉利送京师，苏尼失举众来降，漠南之地遂空。

蔡成公杜如晦疾笃，⑥上遣太子问疾，又自临视之。甲申，薨。上每得佳物，辄思如晦，遣使赐其家。久之，语及如晦，必流涕，谓房玄龄曰：『公与如晦同佐朕，今独见公，不见如晦矣！』

【注释】

①定襄：今内蒙和林格尔县西北土城子。②白道：地名。今内蒙呼和浩特市西北。③九姓：曰药罗葛，曰胡咄葛，曰啒罗勿，曰貊歌息讫，曰阿勿嘀，曰葛萨，曰斛嗢素，曰药勿葛，曰奚邪勿。④韩信所以破齐：指韩信破齐的原因，

是其乘汉遣郦食其说齐，齐无备而袭破之。结果郦食其被杀。⑤武邑：今河北武邑县。⑥蔡成公：杜如晦，封蔡国公，谥蔡成公，《谥法》：佐相克终曰成，民和臣福曰成。盖依此谥杜如晦为『成』。

突厥颉利可汗至长安，夏，四月，戊戌，上御顺天楼，①盛陈文物，引见颉利，数之曰：『汝藉父兄之业，纵淫虐以取亡，罪一也；数与我盟而背之，二也；恃强好战，暴骨如莽，三也；蹂我稼穑，掠我子女，四也；我宥汝罪，存汝社稷，而迁延不来，五也。然自便桥以来，②不复大入为寇，以是得不死耳。』颉利哭谢而退。诏馆于太仆，厚廪食之。

上皇闻擒颉利，叹曰：『汉高祖困白登，③不能报；今我子能灭突厥，吾托付得人，复何忧哉！』上皇召上与贵臣十余人及诸王、妃、主置酒凌烟阁，④酒酣，上皇自弹琵琶，上起舞，公卿迭起为寿，逮夜而罢。

突厥既亡，其部落或北附薛延陀，或西奔西域，其降唐者尚十万口，诏群臣议区处之宜。朝士多言：『北狄自古为中国患，今幸而破亡，宜悉徙之河南兖、豫之间，⑤分其种落，散居州县，教之耕织，可以化胡虏为农民，永空塞北之地。』中书侍郎颜师古以为：『突厥、铁勒皆上古所不能臣，陛下既得而臣之，请皆置之河北。分立酋长，领其部落，则永永无患矣。』礼部侍郎李百药以为：『突厥虽云一国，然其种类区分，各有酋帅。今宜因其离散，各即本部署为君长，不相臣属；纵欲存立阿史那氏，唯可使臣其本族而已。国分则弱而易制，势敌则难相吞灭，各自保全，必不能抗衡中国。仍请于定襄置都护府，为其节度，此安边之长策也。』夏州都督窦静以为：『戎狄之性，有如禽兽，不可以刑法威，不可以仁义教，况彼首丘之情，⑥未易忘也。置之中国，有损无益，恐一旦变生，犯我王略。莫若因其破亡之余，施以望外之恩，假之王侯之号，妻以宗室之女，分其土地，析其部落，使其权弱势分，易为羁制，可使常为藩臣，永保边塞。』温彦博以为：『徙于兖、豫之间，则乖违物性，非所以存养之也。请准汉建武故事，置降匈奴于塞下，全其部落，顺其土俗，以实空虚之地，使为中国扞蔽，策之善者也。』魏征以为：『突厥世为寇盗，百姓之仇也；今幸而破亡，陛下以其降附，不忍尽杀，宜纵之使还故土，不可留之中国。夫戎狄人面兽心，弱则请服，强则叛乱，固其常性。今降者众近十万，数年之后，蕃息倍多，必为腹心之疾，不可悔也。晋初诸胡与民杂居中国，郭钦、江统，皆劝武帝驱出塞外以绝乱阶，武帝不从。后二十余年，伊、洛之间，遂为毡裘之域，此前事之明鉴也！』

彦博曰：『王者之于万物，天覆地载，靡有所遗。今突厥穷来归我，奈何弃之而不受乎！孔子曰：「有教无类。」⑦若救其死亡，授以生业，教之礼义，数年之后，悉为吾民。选其酋长，使入宿卫，畏威怀德，何后患之有！』上卒用彦博策，处突厥降众，东自幽州，西至灵州；分突利故所统之地，置顺、祐、化、长四州都督府；又分颉利之地为六州，左置定襄都督府，右置云中都督府，⑧以统其众。

五月，辛未，以突利为顺州都督，⑨使帅其部落之官。上戒之曰：『尔祖启民挺身奔隋，隋立以为大可汗，奄有北荒，尔父始毕反为隋患。天道不容，故使尔今日乱亡如此。我所以不立尔为可汗者，惩启民前事故也。今命尔为都督，尔宜善守国法，勿相侵掠，非徒欲中国久安，亦使尔宗族永全也！』

壬申，以阿史那苏尼失为怀德郡王，阿史那思摩为怀化郡王。颉利之亡也，诸部落酋长皆弃颉利来降，独思摩随之，竟与颉利俱擒，上嘉其忠，拜右武候大将军，寻以为北开州都督，使统颉利旧众。

丁丑，以右武卫大将军史大奈为丰州都督，⑩其余酋长至者，皆拜将军、中郎将，布列朝廷，五品已上百余人，殆与朝士相半，因而入居长安者近万家。

【注释】

①顺天楼：顺天门楼。《唐六典》：皇城南门，中曰承天门，隋开皇二年（公元582年）作，初曰广阳门，仁寿元年（公元601年），改曰昭阳门，武德元年（公元618年），改曰顺天门，神龙元年（公元705年），改曰承天门。若元正、冬至，大陈设燕会，赦过宥罪，除旧布新，受万国之朝贡，四夷之宾客，则御承天门以听政，盖古之外朝也。承天楼，即承天门楼。②自便桥以来：便桥，指便桥之盟。③困白登：指汉初，高祖亲率大军北抗匈奴，被围困于白登。白登，山名。今山西大同市东北。④凌烟阁：唐禁宫中的一阁。阁本《太极宫图》：两仪殿之北有延嘉殿，殿之东为功臣阁，此阁之东为凌烟阁。⑤河南兖、豫之间：指黄河以南兖、豫之间。兖、豫，言禹迹九州之大界。兖，《书·禹贡》：『济、河惟兖州。』济指自河南荥阳县北分黄河东北流至今山东利津县入海之济水，河指自今河南武陟县东北流至今河北沧县东北入海的古黄河。豫，《书·禹贡》：『荆、河惟豫州。』荆指荆山，在今湖北南漳县西，河指黄河。兖、豫之间，大抵古黄河以南，河南、山东、南至湖北地带。⑥首丘：典出《礼记·檀弓上》：『古人有言曰：「狐死，正丘首」仁也。』郑玄注：『正丘首，正首丘也。』即正首于丘，言狐死，正首对着山丘，因山丘是狐穴所在，

比喻不忘根本。此比喻突厥虽亡，但国土之情不会忘记。⑦『有教无类』：意指无论哪类人都可施以教育。⑧定襄都督府、云中都督府：据《旧唐书·温彦博传》记载二府今陕西靖边县东北。⑨顺州：今营州之南的五柳戍。⑩丰州：今内蒙古五原县西南黄河北岸。

辛巳，诏：『自今讼者，有经尚书省判不服，听于东宫上启，委太子裁决。若仍不服，然后闻奏。』

丁亥，御史大夫萧瑀劾奏李靖破颉利牙帐，御军无法，突厥珍物，虏掠俱尽，请付法司推科。上特敕勿劾。及靖入见，上大加责让，靖顿首谢。久之，上乃曰：『隋史万岁破达头可汗，有功不赏，以罪致戮。朕则不然，录公之功，赦公之罪。』加靖左光禄大夫，赐绢千匹，加真食邑通前五百户。未几，上谓靖曰：『前有人谗公，今朕意已寤，公勿以为怀。』复赐绢二千匹。

林邑献火珠，①有司以其表辞不顺，请讨之，上曰：『好战者亡，如隋炀帝、颉利可汗，皆耳目所亲见也。小国胜之不武，况未可必乎！语言之间，何足介意！』

六月，丁酉，以阿史那苏尼失为北宁州都督，以中郎将史善应为北抚州都督。壬寅，以右骁卫将军康苏密为北安州都督。

乙卯，发卒修洛阳宫以备巡幸，给事中张玄素上书谏，以为：『洛阳未有巡幸之期而预修宫室，非今日之急务。昔汉高祖纳娄敬之说，自洛阳迁长安，岂非洛阳之地不及关中之形胜邪！景帝用晁错之言而七国构祸，②陛下今处突厥于中国，突厥之亲，何如七国；岂得不先为忧，而宫室可遽兴，乘舆可轻动哉！臣见隋氏初营宫室，近山无大木，皆致之远方，二千人曳一柱，以木为轮，则戛摩火出，乃铸铁为毂，行一二里，铁毂辄破，别使数百人赍铁毂随而易之，尽日不过行二三十里，计一柱之费，已用数十万功，则其余可知矣。陛下初平洛阳，凡隋氏宫室之宏侈者皆令毁之，曾未十年，复加营缮，何前日恶之而今日效之也！且以今日财力，何如隋世！陛下役疮痍之人，袭亡隋之弊，恐又甚于炀帝矣！』上谓玄素曰：『卿谓我不如炀帝，何如桀、纣？』对曰：『若此役不息，亦同归于乱耳。』上叹曰：『吾思之不熟，乃至于是！』顾谓房玄龄曰：『朕以洛阳土中，朝贡道均，意欲便民，故使营之。今玄素所言诚有理，宜即为之罢役。后日或以事至洛阳，虽露居亦无伤也。』仍赐玄素䌽二百匹。

【注释】

①火珠：珠在日下，其下承艾，则可出火之珠。②景汉用晁错之言而七国构祸：指汉景帝采用晁错削藩的建议，造成吴楚七国的祸乱。此用以说明当心新被灭掉安置的突厥人，是当务之急。

秋，七月，甲子朔，日有食之。

乙丑，上问房玄龄、萧瑀曰：『隋文帝何如主也？』对曰：『文帝勤于为治，每临朝，或至日昃，五品已上，引坐论事，卫士传餐而食；①虽性非仁厚，亦励精之主也。』上曰：『公得其一，未知其二。文帝不明而喜察，不明则照有不通，②喜察则多疑于物。事皆自决，不任群臣。天下至广，一日万机，虽复劳神苦形，③岂能一一中理！群臣既知主意，唯取决受成，虽有愆违，莫敢谏争，此所以二世而亡也。朕则不然。择天下贤才，置之百官，使思天下之事，关由宰相，审熟便安，④然后奏闻。有功则赏，有罪则刑，谁敢不竭心力以修职业，何忧天下之不治乎！』因敕百司：『自今诏敕行下有未便者，皆应执奏，毋得阿从，不尽己意。』

癸酉，以前太子少保李纲为太子少师，⑤以兼御史大夫萧瑀为太子少傅。

李纲有足疾，上赐以步舆，⑥使之乘至阁下，数引入禁中，问以政事。每至东宫，太子亲拜之。太子每视事，上令纲与房玄龄侍坐。

先是，萧瑀与宰相参议朝政，瑀气刚而辞辩，房玄龄等皆不能抗，上多不用其言，玄龄、魏征、温彦博尝有微过，瑀劾奏之，上竟不问。瑀由此怏怏自失，遂罢御史大夫，为太子少傅，不复预闻朝政。

西突厥种落散在伊吾，⑦诏以凉州都督李大亮为西北道安抚大使，于碛口贮粮，⑧来者赈给，使者招慰，相望于道。大亮上言：『欲怀远者必先安近，中国如本根，四夷如枝叶，疲中国以奉四夷，犹拔本根以益枝叶也。臣远考秦、汉，近观隋室，外事戎狄，皆致疲弊。今招致西突厥，但见劳费，未见其益。况河西州县萧条，⑨突厥微弱以来，始得耕获；今又供亿此役，民将不堪，不若且罢招慰为便。伊吾之地，率皆沙碛，其人或自立君长，求称臣内属者，羁縻受之，使居塞外，为中国藩蔽，此乃施虚惠而收实利也。』上从之。

八月，丙午，诏以『常服未有差等，自今三品以上服紫，四品、五品服绯，六品、七品服绿，八品服青；妇人从其夫色。』

甲寅，诏以兵部尚书李靖为右仆射。靖性沈厚，每与时宰参议，恂恂似不能言。

突厥既亡，营州都督薛万淑遣契丹酋长贪没折说谕东北诸夷，奚、霫、室韦等十余部皆内附。万淑，万均之兄也。

戊午，突厥欲谷设来降。欲谷设，突利之弟也。颉利败，欲谷设奔高昌，闻突利为唐所礼，遂来降。

九月，戊辰，伊吾城主入朝。隋末，伊吾内属，置伊吾郡；隋乱，臣于突厥。颉利既灭，举其属七城来降，因以其地置伊西州。

思结部落饥贫，朔州刺史新丰张俭招集之，其不来者，仍居碛北，亲属私相往还，俭亦不禁。及俭徙胜州都督，州司奏思结将叛，诏俭往察之。俭单骑入其部落说谕，徙之代州，即以俭检校代州都督，思结卒无叛者。俭因劝之营田，岁大稔。俭恐虏蓄积多，有异志，奏请和籴以充边储。部落喜，营田转力，而边备实焉。

丙子，开南蛮地置费州、夷州。⑩

己卯，上幸陇州。

【注释】

①卫士传餐而食：指日昃，论事未完，卫士不得下衙，不能坐食，故立驻传餐而食。②照：了解。③劳神苦形：指疲劳战术，耗费精神，伤害身体。④审熟便安：仔细考究成熟，便当安妥。⑤『以前』句：唐东宫三少，即少师、少傅、少保，并正二品，掌教谕太子。⑥步舆：即步挽舆，今天的轿子。⑦伊吾：今新疆哈密县。⑧碛口：即伊吾东的碛口。⑨河西州县：指河西的甘、凉、瓜、沙、肃等州。⑩费州：今贵州思南县。夷州：今贵州德江县西南。

冬，十一月，壬辰，以右卫大将军侯君集为兵部尚书，[①]参议朝政。

甲子，车驾还京师。

上读《明堂针灸书》，[②]云：『人五藏之系，咸附于背。』戊寅，诏自今毋得笞囚背。

十二月，甲辰，上猎于鹿苑；[③]乙巳，还宫。

甲寅，高昌王麴文泰入朝。西域诸国咸欲因文泰使入贡，上遣文泰之臣厌怛纥干往迎之。魏征谏曰：『昔光武不听西域送侍子，置都护，以为不以蛮夷劳中国。今天下初定，前者文泰之来，所过劳费已甚，今借使十国入贡，其徒旅不减千人。边民荒耗，将不胜其弊。若听其商贾往来，与边民交市，则可矣，倘以宾客遇之，非中国之利也。』时厌怛纥干已行，上遽令止之。

诸宰相侍宴，上谓王珪曰：『卿识鉴精通，复善谈论，玄龄以下，卿宜悉加品藻，[4]且自谓与数子何如？』对曰：『孜孜奉国，知无不为，臣不如玄龄。才兼文武，出将入相，臣不如李靖。敷奏详明，出纳惟允，臣不如温彦博。处繁治剧，众务毕举，臣不如戴胄。耻君不及尧、舜，以谏争为己任，臣不如魏征。至于激浊扬清，嫉恶好善，臣于数子，亦有微长。』上深以为然，众亦服其确论。

上之初即位也，尝与群臣语及教化，上曰：『今承大乱之后，恐斯民未易化也。』魏征对曰：『不然。久安之民骄佚，骄佚则难教；经乱之民愁苦，愁苦则易化。譬犹饥者易为食，渴者易为饮也。』[5]上深然之。封德彝非之曰：『三代以还，人渐浇讹，[6]故秦任法律，汉杂霸道，[7]盖欲化而不能，岂能之而不欲邪！魏征书生，未识时务，若信其虚论，必败国家。』征曰：『五帝、三王不易民而化，昔黄帝征蚩尤，颛顼诛九黎，汤放桀，武王伐纣，皆能身致太平，岂非承大乱之后邪！若谓古人淳朴，渐至浇讹，则至于今日，当悉化为鬼魅矣，人主安得而治之！』上卒从征言。

元年，关中饥，米斗直绢一匹；二年，天下蝗；三年，大水。上勤而抚之，民虽东西就食，未尝嗟怨。是岁，天下大稔，流散者咸归乡里，米斗不过三、四钱，终岁断死刑才二十九人。东至于海，南及五岭，皆外户不闭，[8]行旅不赍粮，取给于道路焉。上谓长孙无忌曰：『贞观之初，上书者皆云：「人主当独运威权，不可委之臣下。」又云：「宜震耀威武，征讨四夷。」唯魏征劝朕「偃武修文，中国既安，四夷自服。」朕用其言。今颉利成擒，其酋长并带刀宿卫，部落皆袭衣冠，征之力也，但恨不使封德彝见之耳！』征再拜谢曰：『突厥破灭，海内康宁，皆陛下威德，臣何力焉！』上曰：『朕能任公，公能称所任，则其功岂独在朕乎！』

房玄龄奏：『阅府库甲兵，远胜隋世。』上曰：『甲兵武备，诚不可阙；然炀帝甲兵岂不足邪！卒亡天下。若公等尽力，使百姓乂安，此乃朕之甲兵也。』

上谓秘书监萧璟曰[9]：『卿在隋世数见皇后乎？』对曰：『彼儿女且不得见，臣何人，得见之？』魏征曰：『臣闻炀帝不信齐王，[10]恒有中使察之，闻其宴饮，则曰「彼营何事得遂而喜！」闻其忧悴，则曰「彼有他念故尔。」父子之间且犹如是，况他人乎！」上笑曰：「朕今视杨政道，胜炀帝之于齐王远矣。」璟，瑀之兄也。

西突厥肆叶护可汗既先可汗之子，为众所附，莫贺咄可汗所部酋长多归之，肆叶护引兵击莫贺咄，莫贺咄兵败，逃于金山，[11]为泥熟设所杀，诸部共推肆叶护为大可汗。

【注释】

①侯君集：唐朝开国功臣，后以谋反论死。②《明堂针灸书》：盖《唐书·艺文志》所载《黄帝明堂经》《明堂偃卧人图》《明堂人形图》《明堂孔穴图》之类针灸书。《素问》称雷公问黄帝以人身经络，黄帝坐明堂以授之。书名本此。③鹿苑：县名。今陕西高陵县西南。④品藻：即评论鉴别。⑤『饥者』句：言饥饿的人，什么都甜美；干渴的人，什么都好喝。⑥浇讹：浮薄诈伪。⑦霸道：古代指国君凭武力、刑法、权势进行统治的政策。⑧外户不闭：外户与内户相对。重门击柝本御暴客，既无盗窃乱贼，则户无俟闭。⑨萧璟：与隋炀帝萧后同胞，故问及之。⑩齐王：即隋齐王杨暕。⑪金山：山名。今青海西宁市西北。

五年 春，正月，诏僧、尼、道士致拜父母。

癸酉，上大猎于昆明池，四夷君长咸从。甲戌，宴高昌王文泰及群臣。丙子，还宫，亲献禽于大安宫。

癸未，朝集使赵郡王孝恭等上表，[1]以四夷咸服，请封禅；[2]上手诏不许。

有司上言皇太子当冠，[3]用二月吉，请追兵备仪仗。上曰：「东作方兴，[4]宜改用十月。」少傅萧瑀奏：「据阴阳书不若二月。」上曰：「吉凶在人。若动依阴阳，不顾礼义，吉可得乎！循正而行，自与吉会。农时最急，不可失也。」

二月，甲辰，诏：「诸州有京观处，[5]无问新旧，宜悉鏟削，加土为坟，掩蔽枯朽，勿令暴露。」

己酉，封皇弟元裕为郐王，元名为谯王，灵夔为魏王，元祥为许王，元晓为密王。庚戌，封皇子愔为梁王，恽为郯王，贞为汉王，治为晋王，慎为申王，嚣为江王，简为代王。

夏，四月，壬辰，代王简薨。

壬寅，灵州斛薛叛，[6]任城王道宗等追击，破之。

隋末，中国人多没于突厥，及突厥降，上遣使以金帛赎之。五月，乙丑，有司奏，凡得男女八万口。

六月，甲寅，太子少师新昌贞公李纲薨。初，周齐王宪女，孀居无子，纲赡恤甚厚。[7]纲薨，其女以父礼丧之。

秋，八月，甲辰，遣使诣高丽，收隋氏战亡骸骨，葬而祭之。

河内人李好德得心疾，妄为妖言，诏按其事。大理丞张蕴古奏：『好德被疾有征，法不当坐。』治书侍御史权万纪劾奏：『蕴古贯在相州，好德之兄厚德为其刺史，情在阿纵，按事不实。』上怒，命斩之于市，既而悔之，因诏：『自今有死罪，虽令即决，仍三覆奏乃行刑。』

权万纪与侍御史李仁发，俱以告讦有宠于上，由是诸大臣数被谴怒。魏征谏曰：『万纪等小人，不识大体，以讦为直，以谗为忠。陛下非不知其无堪，盖取其无所避忌，欲以警策群臣耳。而万纪等挟恩依势，逞其奸谋，凡所弹射，皆非有罪。陛下纵未能举善以厉俗，奈何昵奸以自损乎！』上默然，赐绢五百匹。久之，万纪等奸状自露，皆得罪。

九月，上修仁寿宫，更命曰九成宫。又将修洛阳宫，民部尚书戴胄表谏，以『乱离甫尔，百姓凋弊，帑藏空虚，若营造不已，公私劳费，殆不能堪！』上嘉之曰：『戴胄于我非亲，但以忠直体国，知无不言，故以官爵酬之耳。』久之，竟命将作大匠窦琎修洛阳宫，琎凿池筑山，雕饰华靡。上遽命毁之，免琎官。

冬，十月，丙午，上逐兔于后苑，左领军将军执失思力谏曰：『天命陛下为华、夷父母，奈何自轻！』上又将逐鹿，思力脱巾解带，跪而固谏，上为之止。初，上令群臣议封建，魏征议以为：『若封建诸侯，则卿大夫咸资俸禄，必致厚敛。又，京畿赋税不多，所资畿外，若尽以封国邑，经费顿阙。又，燕、秦、赵、代俱带外夷，若有警急，追兵内地，难以奔赴。』礼部侍郎李百药以为：『运祚修短，[8]定命自天，尧、舜大圣，守之而不能固；汉、魏微贱，拒之而不能却。今使勋戚子孙皆有民有社，易世之后，将骄淫自恣，攻战相残，害民尤深，不若守令之迭居也。』中书侍郎颜师古以为：『不若分王诸子，勿令过大，间以州县，杂错而居，互相维持，使各守其境，协力同心，足扶京室；为置官寮，皆省司选用，法令之外，不得擅作威刑，朝贡礼仪，具为条式。一定此制，万代无虞。』十一月，丙辰，诏：『皇家宗室及勋贤之臣，宜令作镇藩部，贻厥子孙，非有大故，无或黜免，所司明为条列，定等级以闻。』

丁巳，林邑献五色鹦鹉，丁卯，新罗献美女二人；魏征以为不宜受。上喜曰：『林邑鹦鹉犹能自言苦寒，思归其国，况二女远别亲戚乎！』并鹦鹉，各付使者而归之。

倭国遣使入贡，上遣新州刺史高表仁持节往抚之；表仁与其王争礼，不宣命而还。

丙子，上礼圜丘。

十二月，太仆寺丞李世南开党项之地十六州、四十七县。⑨

上谓侍臣曰：『朕以死刑至重，故令三覆奏，盖欲思之详熟故也。而有司须臾之间，三覆已讫。又，古刑人，君为之彻乐减膳。朕庭无常设之乐，然常为之不啖酒肉，但未有著令。又，百司断狱，唯据律文，虽情在可矜，而不敢违法，其间岂能尽无冤乎！』丁亥，制：『决死囚者，二日中五覆奏，下诸州者三覆奏；行刑之日，尚食勿进酒肉，⑩内教坊及太常不举乐。⑪皆令门下覆视。有据法当死而情可矜者，录状以闻。』由是全活甚众。其五覆奏者，以决前一二日，至决日又三覆奏；唯犯恶逆者一覆奏而已。⑫

己亥，朝集使利州都督武士彟等复上表请封禅，不许。

壬寅，上幸骊山温汤；戊申，还宫。

上谓执政曰：『朕常恐因喜怒妄行赏罚，故欲公等极谏。公等亦宜受人谏，不可以己之所欲，恶人违之。苟自不能受谏，安能谏人？』

康国求内附。⑬上曰：『前代帝王，好招来绝域，以求服远之名，无益于用而糜弊百姓。今康国内附，傥有急难，于义不得不救。师行万里，岂不疲劳！劳百姓以取虚名，朕不为也。』遂不受。

谓侍臣曰：『治国如治病，病虽愈，尤宜将护，傥遽自放纵，病复作，则不可救矣。今中国幸安，四夷俱服，诚自古所希，然朕日慎一日，唯惧不终，故欲数闻卿辈谏争也。』魏征曰：『内外治安，臣不以为喜，唯喜陛下居安思危耳。』

上尝与侍臣论狱，魏征曰：『炀帝时尝有盗发，帝令于士澄捕之，少涉疑似，皆拷讯取服，凡二千余人，帝悉令斩之。大理丞张元济怪其多，试寻其状，内五人尝为盗，余皆平民；竟不敢执奏，尽杀之。』上曰：『此岂唯炀帝无道，其臣亦不尽忠。君臣如此，何得不亡？公等宜戒之！』

是岁，高州总管冯盎入朝。未几，罗窦诸洞獠反，⑭敕盎帅部落二万，为诸军前锋。獠数万人，屯据险要，诸军不得进。盎持弩谓左右曰：『尽吾此矢，足知胜负矣。』连发七矢，中七人。獠皆走，因纵兵乘之，斩首千余级。上美其功，前后赏赐，不可胜数。盎所居地方二千里，奴婢万余人，珍货充积；然为治勤明，所部爱之。

新罗王真平卒，无嗣，国人立其女善德为王。

【注释】

①朝集使：唐各道每年派使者朝集于京师谒见皇帝宰相，称朝集使。②封禅：古帝王祭天地之典礼。③冠：加冠，加冠之礼。④东作：春作，即春天的耕作。⑤京观：古战胜者，将战败者尸骨堆积如山丘，以旌战功曰京观。⑥斛薛：部落名。北魏时属高车部。高车，或曰敕勒、铁勒，散居漠北。唐太宗时铁勒十一部已来归，而以斛薛部为高阙州。⑦『周齐王宪女』句：李纲曾作过齐王宇文宪的参军，故有此举。⑧运祚：国运福祚。⑨党项：我国古民族名。汉为西羌的一支。初居今四川青海甘肃一带。⑩尚食：官署名。掌御膳，专供皇帝膳食。⑪内教坊：官置名。武德年间，于禁中所置，有内教博士。太常：即太常寺，有太常乐署、鼓吹署，供皇室宫廷乐用。⑫恶逆：罪恶科名。隋立十恶之科，四曰恶逆，谓殴及谋杀祖父母、父母、杀伯叔父母、姑、兄、子、外祖父母、夫、夫之祖父母、父母者，唐因用之。⑬康国：康居国，古西域国名。⑭罗窦：地名。今广东信宜县西南镇隆。

太宗文武大圣大广孝皇帝上之下

贞观六年 春，正月，乙卯朔，日有食之。

癸酉，静州獠反，将军李子和讨平之。

文武官复请封禅，[1]上曰："卿辈皆以封禅为帝王盛事，朕意不然。若天下乂安，家给人足，虽不封禅，庸何伤乎！昔秦始皇封禅，而汉文帝不封禅，后世岂以文帝之贤不及始皇邪！且事天扫地而祭，[2]何必登泰山之巅，封数尺之土，[3]然后可以展其诚敬乎！"群臣犹请之不已，上亦欲从之，魏征独以为不可。上曰："公不欲朕封禅者，以功未高邪？"曰："高矣。""德未厚邪？"曰："厚矣。""中国未安邪？"曰："安矣。""四夷未服邪？"曰："服矣。""年谷未丰邪？"曰："丰矣。""符瑞未至邪？"[4]曰："至矣。""然则何为不可封禅？"对曰："陛下虽有此六者，然承隋末大乱之后，户口未复，仓廪尚虚，而车驾东巡，千乘万骑，其供顿劳费，未易任也。且陛下封禅，则万国咸集，远夷君长，皆当扈从；今自伊、洛以东至于海、岱，烟火尚希，灌莽极目，此乃引戎狄入腹中，示之以虚弱也。况赏赉不赀，未厌远人之望；给复连年，不偿百姓之劳；崇虚名而受实害，陛下将焉用之！"会河南、北数州大水，事遂寝。

上将幸九成宫，通直散骑常侍姚思廉谏。上曰："朕有气疾，暑辄顿剧，往避之耳。"赐思廉绢五十匹。

监察御史马周上疏，以为："东宫在宫城之中，而大安宫乃在宫城之西，制度比于宸居，[5]尚为卑小，于四方观听，有所不足。宜增修高大，以称中外之望。又，太上皇春秋已高，[6]陛下宜朝夕视膳。今九成宫去京师三百余里，太上皇或时思念陛下，陛下何以赴之？又，车驾此行，欲以避暑；太上皇尚留暑中，而陛下独居京处，温清之礼，[7]窃所未安。今行计已成，不可复止，愿速示返期，以解众惑。又，王长通、白明达皆乐工，韦槃提、斛斯正止能调马，纵使技能出众，正可赉之金帛，岂得超授官爵，鸣玉曳履，[8]与士君子比肩而立，同坐而食？臣窃耻之。"上深纳之。

上以新令无三师官，[9]二月，丙戌，诏特置之。

【注释】

①文武官复请封禅：所谓"复"，是对上年诸州朝集使请封禅而言。②事天扫地：事奉上天清扫土地，为祭祀

天地前奏。③封数尺之土：封土为坛，为祭祀之所，是古时祭天地的必备礼仪形式。故有天坛地坛之称，为祭祀天地场所。④符瑞：符命祥瑞。⑤宸居：天子所居。⑥春秋：年岁。⑦温清之礼：子使父寝处冬暖夏凉之礼。⑧鸣玉曳履：鸣玉佩，曳文履。鸣玉佩，使装饰有玉的佩带上的玉发出鸣声。是一种相礼；曳文履，拖着文饰的薄底鞋子。这全是达官贵人装饰。⑨三师：唐以太师、太傅、太保为三师，正一品，天子所师法，无所总职。

三月，戊辰，上幸九成宫。

庚午，吐谷浑寇兰州，州兵击走之。

长乐公主将出降，上以公主皇后所生，特爱之，敕有司资送倍于永嘉长公主。①魏征谏曰：『昔汉明帝欲封皇子，曰：「我子岂得与先帝子比！」皆令半楚、淮阳。今资送公主，倍于长主，得无异于明帝之意乎！』上然其言，入告皇后。后叹曰：『妾亟闻陛下称重魏征，不知其故，今观其引礼义以抑人主之情，乃知真社稷之臣也！妾与陛下结发为夫妇，曲承恩礼，每言必先候颜色，不敢轻犯威严；况以人臣之疏远，乃能抗言如是，陛下不可不从也。』因请遣中使赍钱四百缗、绢四百匹以赐征，②且语之曰：『闻公正直，乃今见之，故以相赏。公宜常秉此心，勿转移也。』上尝罢朝，怒曰：『会须杀此田舍翁。』③后问为谁，上曰：『魏征每廷辱我。』后退，具朝服立于庭，④上惊问其故。后曰：『妾闻主明臣直；今魏征直，由陛下之明故也，妾敢不贺！』上乃悦。

夏，四月，辛卯，襄州都督邹襄公张公谨卒。明日，上出次发哀。有司奏，辰日忌哭。⑤上曰：『君之于臣，犹父子也，情发于衷，安避辰日！』遂哭之。

六月，己亥，金州刺史鄅悼王元亨薨。⑥辛亥，江王嚣薨。

秋，七月，丙辰，焉耆王突骑支遣使入贡。⑦初，焉耆入中国由碛路，隋末闭塞，道由高昌；突骑支请复开碛路以便往来，上许之。由是高昌恨之，遣兵袭焉耆，大掠而去。

辛未，宴三品已上于丹霄殿。上从容言曰：『中外又安，皆公卿之力。然隋炀帝威加夷、夏，颉利跨有北荒，统叶护雄据西域，今皆覆亡，此乃朕与公等所亲见，勿矜强盛以自满也！』

西突厥肆叶护可汗发兵击薛延陀，为薛延陀所败。

肆叶护性猜狠，信谗，有乙利可汗，[8]功最多，肆叶护以非其族类，诛灭之，由是诸部皆不自保。肆叶护又忌莫贺设之子泥孰，阴欲图之，泥孰奔焉耆。设卑达官与弩失毕二部攻之，肆叶护轻骑奔康居，[9]寻卒。国人迎泥孰于焉耆而立之，是为咄陆可汗，遣使内附。丁酉，遣鸿胪少卿刘善因立咄陆为奚利邲咄陆可汗。

闰月，乙卯，上宴近臣于丹霄殿，长孙无忌曰：『王珪、魏征，昔为仇雠，[10]不谓今日得同此宴。』上曰：『征、珪尽心所事，故我用之。然征每谏，我不从，我与之言辄不应，何也？』魏征对曰：『臣以事为不可，故谏；若陛下不从而臣应之，则事遂施行，故不敢应。』上曰：『且应而复谏，庸何伤！』对曰：『昔舜戒郡臣：「尔无面从，退有后言。」[11]臣心知其非而口应陛下，乃面从也，岂稷、契事舜之意邪！』上大笑曰：『人言魏征举止疏慢，我视之更觉妩媚，正为此耳！』征起，拜谢曰：『陛下开臣使言，故臣得尽其愚，若陛下拒而不受，臣何敢数犯颜色乎！』

戊辰，秘书少监虞世南上《圣德论》，[12]上赐手诏，称：『卿论太高。朕何敢拟上古！但比近世差胜耳。然卿适睹其始，未知其终。若朕能慎终如始，则此论可传；如或不然，恐徒使后世笑卿也。』

【注释】

①『长乐公主』句：唐制，皇姑为大长公主，姊为长公主，女为公主。如长乐公主，长乐为号，因为在位皇帝唐太宗之女称公主；永嘉长公主，永嘉为号，系高祖之女，称长公主。出降，出闺下嫁。②中使：帝王宫中派出的使者，多由宦官充任。③田舍翁：老农夫，乡巴佬。④朝服：此指皇后受册、助祭、朝会大事之服。⑤辰日忌哭：传说中的彭祖百忌，辰不哭泣。⑥金州：今陕西安康县。⑦焉耆：古西域城国名，今新疆焉耆回族自治县地。⑧乙利可汗：西突厥小可汗。⑨康居：古西域城国名。约当今巴尔喀什湖与咸海之间。⑩王珪、魏征，昔为仇雠：指王、魏事隐太子，劝其图帝。⑪『尔无面从，退有后言』：言你们不要当面屈从，退后又有话说。⑫《圣德论》：赞颂功德的论述。

九月，己酉，幸庆善宫，[1]上生时故宅也，因与贵臣宴，赋诗。起居郎清平吕才被之管弦，[2]命曰：『《功成庆善乐》』，使童子八佾为《九功之舞》，[3]大宴会，与《破陈舞》偕奏于庭。同州刺史尉迟敬德预宴，[4]有班在其上者，敬德怒曰：『汝何功，坐我上！』任城王道宗次其下，谕解之。敬德拳殴道宗，目几眇。上不怿而罢，谓敬德曰：『朕见汉高祖诛灭功臣，意常尤之，故欲与卿等共保富贵，令子孙不绝。然卿居官数犯法，乃知韩、彭菹醢，⑤非高祖之罪也。国家纲纪，唯赏与罚，非分之恩，不可数得，勉自修饬，无贻后悔！』敬德由是始惧而自戢。

冬，十月，乙卯，车驾还京师。帝侍上皇宴于大安宫，帝与皇后更献饮膳及服御之物，夜久乃罢。帝亲为上皇捧舆至殿门，上皇不许，命太子代之。

突厥颉利可汗郁郁不得意，数与家人相对悲泣，容貌羸惫。上见而怜之，以虢州地多麋鹿，⑥可以游猎，乃以颉利为虢州刺史；颉利辞，不愿往。癸未，复以为右卫大将军。

十一月，辛巳，契苾酋长何力帅部落六千余家诣沙州降，⑦诏处之于甘、凉之间，以何力为左领军将军。

庚寅，以左光禄大夫陈叔达为礼部尚书。帝谓叔达曰：『卿武德中有谠言，⑧故以此官相报。』对曰：『臣见隋室父子相残，以取乱亡，当日之言，非为陛下，乃社稷之计耳。』

十二月，癸丑，帝与侍臣论安危之本。中书令温彦博曰：『伏愿陛下常如贞观初，则善矣。』帝曰：『朕比来怠于为政乎？』魏征曰：『贞观之初，陛下志在节俭，求谏不倦。比来营缮微多，谏者颇有忤旨，此其所以异耳。』帝拊掌大笑曰：『诚有是事！』

辛未，帝亲录系囚，见应死者，闵之，纵使归家，期以来秋来就死。仍敕天下死囚，皆纵遣，使至期来诣京师。

是岁，党项等羌前后内属者三十万口。

公卿以下请封禅者首尾相属，上谕以『旧有气疾，恐登高增剧，公等勿复言。』

上谓侍臣曰：『朕比来决事或不能皆如律令，公辈以为事小，不复执奏。夫事无不由小以致大，此乃危亡之端也。昔关龙逄忠谏而死，⑨朕每痛之。炀帝骄暴而亡，公辈所亲见也。公辈常宜为朕思炀帝之亡，朕常为公辈念关龙逄之死，何患君臣不相保乎！』

上谓魏征曰：『为官择人，不可造次。⑩用一君子，则君子皆至；用一小人，则小人竞进矣。』对曰：『然。天下未定，则专取其才，不考其行；丧乱既平，则非才行兼备不可用也。』

【注释】

①庆善宫：唐高祖旧宅，武德六年（公元623年）以武功宫改名，今陕西武功县西渭河北岸的普集镇。②起居郎：掌录天子起居法度。清平县：今山东临清县东南。③《功成庆善乐》：起居郎吕才将皇上所赋之诗被以管弦成为的乐章。八佾：古天子专用舞乐。佾，舞列。八佾，八人成列，共八八六十四人组成。《九功之舞》：系吕才将《功成庆善乐》以童子六十四人冠进德冠，紫袴褶，长袖，漆髻，屣履而舞，号《九功舞》，进蹈安徐，以象文德，与《破陈舞》以象武德相对。④同州：今陕西大荔县。⑤韩、彭菹醢：韩信、彭越，皆因恃功自骄，被剁成肉酱。⑥虢州：今河南卢氏县。⑦契苾：古民族名。居住我国西北。沙州：今甘肃敦煌。⑧谠言：直言、善言。⑨关龙逄：传说夏之贤臣。夏桀无道，为酒池糟丘，关龙逄极谏，为桀囚而杀之。⑩造次：轻率。

七年 春，正月，更名《破陈乐》曰《七德舞》。[1]癸巳，宴三品已上及州牧、蛮夷酋长于玄武门，奏《七德》《九功》之舞。太常卿萧瑀上言：『《七德舞》形容圣功，有所未尽，请写刘武周、薛仁果、窦建德、王世充等擒获之状。』上曰：『彼皆一时英雄，今朝廷之臣往往尝北面事之，若睹其故主屈辱之状，能不伤其心乎？』瑀谢曰：『此非臣愚虑所及。』魏征欲上偃武修文，每侍宴，见《七德舞》辄俯首不视，见《九功舞》则谛观之。

三月，戊子，侍中王珪坐漏泄禁中语，左迁同州刺史。庚寅，以秘书监魏征为侍中。

直太史雍人李淳风奏灵台候仪制度疏略，[2]但有赤道，请更造浑天黄道仪，许之。癸巳，成而奏之。

夏，五月，癸未，上幸九成宫。

雅州道行军总管张士贵击反獠，[3]破之。

秋，八月，乙丑，左屯卫大将军谯敬公周范卒。上行幸，常令范与房玄龄居守。范为人忠笃严正，疾甚，不肯出外，竟终于内省，与玄龄相抱而诀曰：『所恨不获再奉圣颜！』

辛未，以张士贵为龚州道行军总管，[4]使击反獠。

九月，山东、河南四十余州水，遣使赈之。

去岁所纵天下死囚凡三百九十人，无人督帅，皆如期自诣朝堂，无一人亡匿者；上皆赦之。

冬，十月，庚申，上还京师。

十一月，壬辰，以开府仪同三司长孙无忌为司空，⑤无忌固辞曰：『臣忝预外戚，恐天下谓陛下为私。』上不许，曰：『吾为官择人，惟才是与。苟或不才，虽亲不用，襄邑王神符是也；⑥如其有才，虽仇不充，魏征等是也。今日之举，非私亲也。』

十二月，甲寅，上幸芙蓉园；⑦丙辰，校猎少陵原。⑧戊午，还宫，从上皇置酒故汉未央宫。⑨上皇命突厥颉利可汗起舞，又命南蛮酋长冯智戴咏诗，既而笑曰：『胡、越一家，自古未有也！』帝奉觞上寿曰：『今四夷入臣，皆陛下教诲，非臣智力所及。昔汉高祖亦从太上皇置酒此宫，妄自矜大，臣所不取也。』⑩上皇大悦。殿上皆呼万岁。

帝谓左庶子于志宁、右庶子杜正伦曰⑪：『朕年十八，犹在民间，民之疾苦情伪，无不知之。及居大位，区处世务，犹有差失。况太子生长深宫，百姓艰难，耳目所未涉，能无骄逸乎？卿等不可不极谏。』太子好嬉戏，颇亏礼法，志宁与右庶子孔颖达数直谏，上闻而嘉之，各赐金一斤，帛五百匹。

工部尚书段纶奏征巧工杨思齐，上令试之。纶使先造傀儡。⑫上曰：『得巧工庶供国事，卿令先造戏具，岂百工相戒无作淫巧之意邪！』乃削纶阶。

嘉、陵州獠反，⑬命邗江府统军牛进达击破之。

上问魏征曰：『群臣上书可采，及召对多失次，何也？』对曰：『臣观百司奏事，常数日思之，及至上前，三分不能道一。况谏者拂意触忌，非陛下借之辞色，岂敢尽其情哉！』上由是接群臣辞色愈温，尝曰：『炀帝多猜忌，临朝对群臣多不语。朕则不然，与群臣相亲如一体耳。』

【注释】

①《破陈乐》：即《秦王破陈乐》。《新唐书·乐志》记载：『《七德舞图》，左圆右方，先偏后伍，交错屈伸，以象鱼丽鹅鹳。命吕才以图教乐工，百二十八人，被银甲执戟而舞。凡三变，每变为四陈，象击刺往来，歌者和，曰《秦王破陈乐》。』《七德舞》：《左传》记载：『楚庄王曰：武有七德，禁暴、戢兵、保大、定功、安民、和众、丰财，故以为乐舞之名。』②直太史：值灵台掌候日月星气的太史。③雅州：今四川雅安县西。④龚州：今广西南平县。⑤开府仪同三司：唐为一品文散官称号。司空：即司工，掌握工程建筑的高级官员。⑥『苟或不才』句：神符少威

严，不能御下，义足不良于行，由是归第。⑦芙蓉园：今陕西西安市东南，即曲江池。⑧少陵原：今陕西长安县东南，因西汉宣帝许后墓称少陵而得。⑨未央宫：故汉宫，在长安宫城北禁苑之偏西。⑩『昔汉高祖』句：汉高祖十年，置酒未央宫，奉玉卮为太上皇寿，曰：『始大人常以臣亡赖，不能治产业，不如仲力。今某之业所就，孰与仲多？』⑪左、右庶子：掌教养训戒等事。⑫傀儡：木偶戏。⑬嘉、陵州：嘉州、陵州，今四川乐山县、仁寿县。

八年 春，正月，癸未，突厥颉利可汗卒。命国人从其俗，焚尸葬之。

辛丑，行军总管张士贵讨东、西王洞反獠，[1]平之。

上欲分遣大臣为诸道黜陟大使，未得其人；李靖荐魏征。上曰：『征箴规朕失，不可一日离左右。』乃命靖与太常卿萧瑀等凡十三人分行天下，『察长吏贤不肖，问民间疾苦，礼高年，赈穷乏，起滞淹，俾使者所至，如朕亲睹。』

三月，庚辰，上幸九成宫。

夏，五月，辛未朔，日有食之。

初，吐谷浑可汗伏允遣使入贡，[2]未返，大掠鄯州而去。[3]上遣使让之，征伏允入朝，称疾不至，仍为其子尊王求婚；上许之，令其亲迎，尊王又不至，乃绝婚，伏允复遣兵寇兰、廓二州。伏允年老，信其臣天柱王之谋，数犯边；又执唐使者赵德楷，上遣使谕之，十返；又引其使者，临轩亲谕以祸福，伏允终无悛心。六月，遣左骁卫大将军段志玄为西海道行军总管，左骁卫将军樊兴为赤水道行军总管，将边兵及契苾、党项之众以击之。

秋，七月，山东、河南、淮、海之间大水。

上屡请上皇避暑九成宫，上皇以隋文帝终于彼，恶之。冬，十月，营大明宫，以为上皇清暑之所。未成而上皇寝疾，不果居。

辛丑，段志玄击吐谷浑，破之，追奔八百余里，去青海三十余里，吐谷浑驱牧马而遁。

甲子，上还京师。

右仆射李靖以疾逊位，许之。十一月，辛未，以靖为特进，[4]封爵如故，禄赐、吏卒并依旧给，俟疾小瘳，每三两日至门下、中书平章政事。

甲申，吐蕃赞普弃宗弄赞遣使入贡，⑤仍请婚。吐蕃在吐谷浑西南，近世浸强，蚕食它国，土宇广大，胜兵数十万，然未尝通中国。其王称赞普，俗不言姓，王族皆曰论，宦族皆曰尚。弃宗弄赞有勇略，四邻畏之。上遣使者冯德遐往慰抚之。

丁亥，吐谷浑寇凉州。己丑，下诏大举讨吐谷浑。上欲得李靖为将，为其老，重劳之。靖闻之，请行；上大悦。十二月，辛丑，以靖为西海道行军大总管，⑥节度诸军。兵部尚书侯君集为积石道、刑部尚书任城王道宗为鄯善道、凉州都督李大亮为且末道、岷州都督李道彦为赤水道、利州刺史高甑生为盐泽道行军总管，并突厥、契苾之众击吐谷浑。⑦

帝聘隋通事舍人郑仁基女为充华，⑧诏已行，册使将发，魏征闻其尝许嫁士人陆爽，遽上表谏。帝闻之，大惊，手诏深自克责，命停册使。房玄龄等奏称：『许嫁陆氏，无显状，大礼既行，不可中止。』爽亦表言初无婚姻之议。帝谓征曰：『群臣或容希合，爽亦自陈，何也？』对曰：『彼以陛下为外虽舍之，或阴加罪谴，故不得不然。』帝笑曰：『外人意或当如是。朕之言未能使人必信如此邪？』

中牟丞皇甫德参上言⑨：『修洛阳宫，劳人；收地租，厚敛；俗好高髻，盖宫中所化。』上怒，谓房玄龄等曰：『德参欲国家不役一人，不收斗租，宫人皆无发，乃可其意邪！』欲治其谤讪之罪。魏征谏曰：『贾谊当汉文帝时上书，云「可为痛哭者一，可为流涕者二」。自古上书不激切，不能动人主之心，所谓狂夫之言，圣人择焉，⑩唯陛下裁察。』上曰：『朕罪斯人，则谁复敢言？』乃赐绢二十匹。他日，征奏言：『陛下近日不好直言，虽勉强含容，非曩时之豁如。』上乃更加优赐，拜监察御史。⑪

中书舍人高季辅上言：⑫『外官卑品，犹未得禄，饥寒切身，难保清白，今仓廪浸实，宜量加优给，然后可责以不贪，严设科禁。又，密王元晓等皆陛下之弟，比见帝子拜诸叔，叔皆答拜，紊乱昭穆，⑬宜训之以礼。』书奏，上善之。

西突厥咄陆可汗卒，其弟同娥设立，是为沙钵罗咥利失可汗。

【注释】

①东、西王洞獠：盖在古龚州，今广西南平县地界。②吐谷浑：古鲜卑族所建立的王朝名称。今青海共和县西

北黑马镇东北。③鄯州：今青海乐都县。④特进：官名。古凡诸侯功德优盛，朝廷所敬异者，赐位特进，位在三公下。⑤吐蕃：我国古代藏族所建立的地方政权称号。今西藏地，系出西羌，唐初并诸羌，建牙拉萨。⑥西海：今青海一带。⑦赤水道：以赤水城得名，城在今青海兴海县东南黄河西岸。盐泽道：即盐池得名，也在今青海一带。⑧充华：古六宫女职官。⑨中牟：县名。今河南中牟县。⑩『狂夫之言，圣人择焉』：《汉书·韩彭英卢吴传》第四，广武军李左车有是言。又《晁错传》也有是言，只『圣人』异为『明主』。⑪监察御史：唐制，监察御史十五人，隶御史台察院，掌分察百官，巡抚州县狱讼、祭祀及监诸军出使等。⑫中书舍人：掌诏令、侍从、宣旨、慰劳等事。⑬昭穆：此为家族辈分。

九年 春，正月，党项先内属者皆叛归吐谷浑。三月，庚辰，洮州羌叛入吐谷浑，杀刺史孔长秀。①

壬辰，赦天下。

乙酉，盐泽道行军总管高甑生击叛羌，破之。

庚寅，诏民赀分三等②未尽其详，宜分九等。

上谓魏征曰：『齐后主、周天元皆重敛百姓，厚自奉养，力竭而亡。譬如馋人自啖其肉，肉尽而毙，何其愚也！然二主孰为优劣？』对曰：『齐后主懦弱，政出多门；周天元骄暴，威福在己；虽同为亡国，齐主尤劣也。』

夏，闰四月，癸酉，任城王道宗败吐谷浑于库山。③吐谷浑可汗伏允悉烧野草，轻兵走入碛。诸将以为『马无草，疲瘦，未可深入。』侯君集曰：『不然。向者段志玄军还，才及鄯州，虏已至其城下。盖虏犹完实，众为之用故也。今一败之后，鼠逃鸟散，斥候亦绝，君臣携离，父子相失，取之易于拾芥。此而不乘，后必悔之。』李靖从之。中分其军为两道：靖与薛万均、李大亮由北道，君集与任城王道宗由南道。戊子，靖部将薛孤儿败吐谷浑于曼头山，④斩其名王，大获杂畜，以充军食。癸巳，靖等败吐谷浑于牛心堆，⑤又败诸赤水原。侯君集、任城王道宗引兵行无人之境二千余里，盛夏降霜，经破逻真谷，⑥其地无水，人龁冰，马啖雪。五月，追及伏允于乌海，与战，大破之，获其名王。薛万均、薛万彻又败天柱王于寺海。

上皇自去秋得风疾，庚子，崩于垂拱殿。⑦甲辰，群臣请上准遗诰视军国大事，上不许。乙巳，诏太子承乾于东宫平决庶政。

赤水之战，薛万均、薛万彻轻骑先进，为吐谷浑所围，兄弟皆中枪，失马步斗，从骑死者什六七，左领军将军契苾何力将数百骑救之，竭力奋击，所向披靡，万均、万彻由是得免。李大亮败吐谷浑于蜀浑山，获其名王二十人。将军执失思力败吐谷浑于居茹川。李靖督诸军经积石山河源，至且末，穷其西境。闻伏允在突伦川，将奔于阗，⑧契苾何力欲追袭之。薛万均惩其前败，固言不可。何力曰：『虏非有城郭，随水草迁徙，若不因其聚居袭取之，一朝云散，岂得复倾其巢穴邪！』自选骁骑千余，直趣突伦川，万均乃引兵从之。碛中乏水，将士刺马血饮之。袭破伏允牙帐，斩首数千级，获杂畜二十余万，伏允脱身走，俘其妻子。侯君集等进逾星宿川，至柏海，还与李靖军合。⑨

大宁王顺，隋氏之甥、伏允之嫡子也，为侍子于隋，久不得归，伏允立它子为太子，⑩及归，⑪意常怏怏。会李靖破其国，国人穷蹙，怨天柱王；顺因众心，斩天柱王，举国请降。伏允帅千余骑逃碛中，十余日，众散稍尽，为左右所杀。国人立顺为可汗。壬子，李靖奏平吐谷浑。乙卯，诏复其国，以慕容顺为西平郡王、趉故吕乌甘豆可汗。上虑顺未能服其众，仍命李大亮将精兵数千为其声援。

六月，己丑，群臣复请听政，上许之，其细务仍委太子，太子颇能听断。是后上每出行幸，常令居守监国。

【注释】

①洮州羌：洮州羌人。洮州，今甘肃临潭县东新城。②民赀分三等：事在武德六年（公元623年），三月，令天下户量其资产，定为三等。③库山：今青海天峻县南库若尔岭。④曼头山：今青海共和县西南一带。⑤牛心堆：地名。今青海西宁市西南。⑥破逻真谷：今青海都兰县东南一带。⑦垂拱殿：大安宫之垂拱前殿。⑧于阗：国名。今新疆和田县一带。⑨星宿川：今青海黄河上游星宿海。柏海：今青海黄河上源鄂陵湖、扎陵湖。⑩侍：盖『他』之误。⑪及归：指太子顺于武德二年（公元619年）回归。

秋，七月，庚子，盐泽道行军副总管刘德敏击叛羌，破之。

丁巳，诏：『山陵依汉长陵故事，①务存隆厚。』期限既促，功不能及。秘书监虞世南上疏，以为：『圣人薄葬其亲，非不孝也，深思远虑，以厚葬适足为亲之累，故不为耳。昔张释之言：「使其中有可欲，虽锢南山犹有隙。」刘向言[2]：「死者无终极而国家有废兴，释之之言，为无穷计也。」其言深切，诚合至理。伏惟陛下圣德度越唐、虞，而厚葬其亲乃以秦、汉为法，臣窃为陛下不取。虽复不藏金玉，后世但见丘垄如此其大，安知其中无金玉邪！且今释服已依霸陵，[3]而丘垄之制独依长陵，恐非所宜。伏愿依《白虎通》为三仞之坟，[4]器物制度，率皆节损，仍刻石立之陵旁，别书一通，藏之宗庙，用为子孙永久之法。』疏奏，不报。世南复上疏，以为：『汉天子即位即营山陵，远者五十余年；今以数月之间为数十年之功，恐于人力有所不逮。』上乃以世南疏授有司，令详处其宜。房玄龄等议，以为：『汉长陵高九丈，原陵高六丈，[5]今九丈则太崇，三仞则太卑，请依原陵之制。』从之。

辛亥，诏：『国初草创，宗庙之制未备，今将迁祔，宜令礼官详议。』谏议大夫朱子奢请立三昭三穆而虚太祖之位。于是增修太庙，祔弘农府君及高祖并旧神主四为六室。房玄龄等议以凉武昭王为始祖。左庶子于志宁议以为武昭王非王业所因，不可为始祖；上从之。

党项寇叠州。

李靖之击吐谷浑也，厚赂党项，使为乡导。党项酋长拓跋赤辞来，谓诸将曰：『隋人无信，喜暴掠我。今诸军苟无异心，我请供其资粮；如或不然，我将据险以塞诸军之道。』诸将与之盟而遣之。赤水道行军总管李道彦行至阔水，[6]见赤辞无备，袭之，获牛羊数千头。于是群羌怨怒，屯野狐峡，道彦不得进；赤辞击之，道彦大败，死者数万，退保松州。[7]左骁卫将军樊兴逗遛失军期，士卒失亡多。乙卯，道彦、兴皆坐减死徙边。

上遣使劳诸将于大斗拔谷，[8]薛万均排毁契苾何力，自称己功。何力不胜忿，拔刀起，欲杀万均，诸将救止之。上闻之，以让何力，何力具言其状，[9]上怒，欲解万均官以授何力，何力固辞，曰：『陛下以臣之故解万均官，群胡无知，以陛下为重胡轻汉，转相诬告，驰竞必多。且使胡人谓诸将皆如万均，将有轻汉之心。』上善之而止。寻令宿卫北门，检校屯营事，[10]尚宗女临洮县主。

岷州都督、盐泽道行军总管高甑生后军期，李靖按之。甑生恨靖，诬告靖谋反，按验无状。八月，庚辰，甑生坐减死徙边。或言：『甑生，秦府功臣，宽其罪。』上曰：『甑生违李靖节度，又诬其反，此而可宽，法将安施！

且国家自起晋阳，功臣多矣，若甑生获免，则人人犯法，安可复禁乎！我于旧勋，未尝忘也，为此不敢赦耳。」李靖自是阖门杜绝宾客，虽亲戚不得妄见也。

上欲自诣园陵，群臣以上哀毁羸瘠，固谏而止。

冬，十月，乙亥，处月初遣使入贡。处月、处密，皆西突厥之别部也。

庚寅，葬太武皇帝于献陵，⑪庙号高祖；以穆皇后祔葬，加号太穆皇后。

十一月，庚戌，诏议于太原立高祖庙。秘书监颜师古议，以为：「寝庙庆在京师，汉世郡国立庙，非礼。」乃止。

戊午，以光禄大夫萧瑀为特进，复令参预政事。上曰：「武德六年以后，高祖有废立之心而未定，我不为兄弟所容，实有功高不赏之惧。斯人也，不可以利诱，不可以死胁，真社稷臣也！」因赐瑀诗曰：「疾风知劲草，板荡识诚臣。」⑫又谓瑀曰：「卿之忠直，古人不过；然善恶太明，亦有时而失。」瑀再拜谢。魏征曰：「瑀违众孤立，唯陛下知其忠劲，向不遇圣明，求免难矣！」

特进李靖上书，请依遗诰，御常服，临正殿；弗许。

吐谷浑甘豆可汗久质中国，国人不附，竟为其下所杀。子燕王诺曷钵立。诺曷钵幼，大臣争权，国中大乱。十二月，诏兵部尚书侯君集等将兵援之；先遣使者谕解，有不奉诏者，随宜讨之。

【注释】

①长陵：西汉高祖刘邦之墓。②刘向：西汉经学家、目录学家、文学家。今江苏沛县人。官至中垒校尉。③霸陵：即汉文帝刘恒墓，在陕西西安市东北。此指文帝遗诏。④《白虎通义》：书名。⑤原陵：这里指光武帝墓。⑥阔水：水名。今四川松潘县一带。⑦松州：今四川松藩县。⑧大斗拔谷：地名。今甘肃民乐县东南甘、青二省交界处扁都口隘路。⑨其状：何力赤水之战时救出万均兄弟于围困之中及被排毁之状。⑩屯营：玄武门曾设左右屯营，以诸卫将军领之，其兵名曰飞骑。⑪献陵：唐高祖李渊之墓。今陕西三原县。⑫疾风知劲草，板荡识诚臣：比喻人的节操坚定，经得起考验；板荡，《诗经·大雅》有『板』、『荡』二篇，讥周厉王无道，败坏国家。后因以指政局变乱，社会不安。言在变乱不安中才认识到忠臣。

十年 春，正月，甲午，上始亲听政。

辛丑，以突厥拓设阿史那社尔为左骁卫大将军。社尔，处罗可汗之子也，年十一，以智略闻。可汗以为拓设，建牙于碛北，与欲谷设分统敕勒诸部，居官十年，未尝有所赋敛。诸设或鄙其不能为富贵，①社尔曰：『部落苟丰，于我足矣。』诸设惭服。及薛延陀叛，攻破欲谷设，社尔兵亦败，将其余众走保西陲。颉利可汗既亡，西突厥亦乱，咄陆可汗兄弟争国。社尔诈往降之，引兵袭破西突厥，取其地几半，有众十余万，自称答布可汗。社尔乃谓诸部曰：『首为乱破我国者，薛延陀也，我当为先可汗报仇击灭之。』诸部皆谏曰：『新得西方，宜且留镇抚。今遽舍之远去，西突厥必来取其故地。』社尔不从，击薛延陀于碛北，连兵百余日。会咥利失可汗立，社尔之众苦于久役，多弃社尔逃归。薛延陀纵兵击之，社尔大败，走保高昌，其旧兵在者才万余家，又畏西突厥之逼，遂帅众来降。敕处其部落于灵州之北，留社尔于长安，尚皇妹南阳长公主，典屯兵于苑内。

癸丑，徙赵王元景为荆王，鲁王元昌为汉王，郑王元礼为徐王，徐王元嘉为韩王，荆王元则为彭王，滕王元懿为郑王，吴王元轨为霍王，豳王元凤为虢王，陈王元庆为道王，魏王灵夔为燕王，蜀王恪为吴王，②越王泰为魏王，燕王祐为齐王，梁王愔为蜀王，郯王恽为蒋王，汉王贞为越王，申王慎为纪王。

二月，乙丑，以元景为荆州都督，元昌为梁州都督，元礼为徐州都督，元嘉为潞州都督，元则为遂州都督，灵夔为幽州都督，恪为潭州都督，泰为相州都督，祐为齐州都督，愔为益州都督，恽为安州都督，贞为扬州都督。泰不之官，以金紫光禄大夫张亮，行都督事。③上以泰好文学，礼接士大夫，特命于其府别置文学馆，听自引召学士。

三月，丁酉，吐谷浑王诺曷钵遣使请颁历，行年号，遣子弟入侍；并从之。丁未，以诺曷钵为河源郡王、乌地也拔勤豆可汗。

癸丑，诸王之藩，上与之别曰：『兄弟之情，岂不欲常共处邪！但以天下之重，不得不尔。诸子尚可复有，兄弟不可复得。』因流涕呜咽不能止。

夏，六月，壬申，以温彦博为右仆射，太常卿杨师道为侍中。

侍中魏征屡以目疾求为散官，上不得已，以征为特进，仍知门下事，④朝章国典，参议得失，徒流以上罪，详事闻奏；其禄赐、吏卒并同职事。

长孙皇后性仁孝俭素，好读书，常与上从容商略古事，⑤因而献替，⑥裨益弘多。上或以非罪谴怒宫人，后亦阳怒，请自推鞫，⑦因命囚系，俟上怒息，徐为申理，由是宫壶之中，刑无枉滥。豫章公主早丧其母，⑧后收养之，慈爱逾于所生。妃嫔以下有疾，后亲抚视，辍己之药膳以资之，宫中无不爱戴。训诸子，常以谦俭为先，太子乳母遂安夫人尝白后，⑨以东宫器用少，请奏益之。后不许，曰：『为太子，患在德不立，名不扬，何患无器用邪！』

上得疾，累年不愈，后侍奉，昼夜不离侧。常系毒药于衣带，曰：『若有不讳，⑩义不独生！』后素有气疾，前年从上幸九成宫，柴绍等中夕告变，上擐甲出阁问状，后扶疾以从，左右止之，后曰：『上既震惊，吾何心自安！』由是疾遂甚。太子言于后曰：『医药备尽而疾不瘳，请奏赦罪人及度人入道，庶获冥福。』⑪后曰：『死生有命，非智力所移。若为善有福，则吾不为恶；如其不然，妄求何益！赦者国之大事，不可数下。道、释异端之教，⑫蠹国病民，⑬皆上素所不为，奈何以吾一妇人使上为所不为乎？必行汝言，吾不如速死！』太子不敢奏，私以语房玄龄，玄龄白上，上哀之，欲为之赦，后固止之。

及疾笃，与上诀。时房玄龄以谴归第，后言于上曰：『玄龄事陛下久，小心慎密，奇谋秘计，未尝宣泄，苟无大故，愿勿弃之。妾之本宗，因缘葭莩，以致禄位，⑭既非德举，易致颠危，欲使其子孙保全，慎勿处之权要，但以外戚奉朝请足矣。妾生无益于人，不可以死害人，愿勿以丘垄劳费天下，但因山为坟，器用瓦木而已。仍愿陛下亲君子，远小人，纳忠谏，屏谗慝，省作役，止游畋，妾虽没于九泉，诚无所恨！儿女辈不必令来，见其悲哀，徒乱人意。』因取衣中毒药以示上曰：『妾于陛下不豫之日，誓以死从乘舆，不能当吕后之地耳。』

己卯，崩于立政殿。

后尝采自古妇人得失事，为《女则》三十卷，又尝著论驳汉明德马后以不能抑退外亲，⑮使当朝贵盛，徒戒其车如流水马如龙，是开其祸败之源而防其末流也。及崩，宫司并《女则》奏之，上览之悲恸，以示近臣曰：『皇后此书，足以垂范百世！朕非不知天命而为无益之悲，但入宫不复闻规谏之言，失一良佐，故不能忘怀耳！』乃召房玄龄，使复其位。

秋，八月，丙子，上谓群臣曰：『朕开直言之路，以利国也，而比来上封事者多讦人细事，自今复有为是者，朕当以谗人罪之。』

冬，十一月，庚午，葬文德皇后于昭陵。[1]将军段志玄、宇文士及分统士众出肃章门。[2]帝夜使宫官至二人所，士及开营内之；志玄闭门不纳，曰：『军门不可夜开。』使者曰：『此有手敕。』志玄曰：『夜中不辨真伪。』竟留使者至明。帝闻而叹曰：『真将军也！』

帝复为文刻之石，称『皇后节俭，遗言薄葬，以为「盗贼之心，止求珍货，既无珍货，复何所求。」朕之本志，亦复如此。王者以天下为家，何必物在陵中，乃为己有。今因九嵕山为陵，凿石之工才百余人，数十日而毕。不藏金玉，人马、器皿，皆用土木，形具而已，庶几奸盗息心，存没无累。当使百世子孙奉以为法。』

上念后不已，于苑中作层观以望昭陵，[3]尝引魏征同登，使视之。征熟视之曰：『臣昏眊，[4]不能见。』上指示之，征曰：『臣以为陛下望献陵[5]若昭陵，则臣固见之矣。』上泣，为之毁观。

十二月，戊寅，朱俱波、甘棠遣使入贡。[6]朱俱波在葱岭之北，去瓜州三千八百里。甘棠在大海南。上曰：『中国既安，四夷自服。然朕不能无惧，昔秦始皇威震胡、越，二世而亡，唯诸公匡其不逮耳。』

【注释】

①诸设：突厥谓子弟典兵者为设。与社尔同时典兵者众，故称诸设。②『徙赵王元景』句：蜀王恪以上皆皇上诸弟，以下皆皇子。③行都督事：唐制，凡注官，阶卑而拟高者则曰守，阶高而拟卑则曰行。今张亮行都督事，及用宋、齐诸王典方面置行事之例，与注官之行不同。④仍知门下事：言虽居侍中之职，还令知门下事。⑤商略：评说。⑥献替：即献可替否。进献可行者，替去不可行者，亦即诤言进谏之意。⑦推鞫：即审问。⑧豫章公主：皇上之女，后下嫁唐义识。⑨遂安夫人：唐制，太子乳母封郡夫人。本睦州人，即遂安郡，故称遂安夫人。⑩不讳：意为人死不可隐讳，不可避免。⑪冥福：指封建迷信所谓的阴间的福祉。⑫异端：旧时指不符合正统思想的主张或教义，称异端或邪说，并称异端邪说。⑬蠹国病民：蠹，蛀虫；即蠹于国，病于民；对国家是蛀虫，对民众是病害。⑭葭莩：芦苇中的白色薄膜。喻关系淡薄。⑮汉明德马后：汉明帝马皇后。

魏王泰有宠于上，或言三品以上多轻魏王。上怒，引三品以上，作色让之曰：『隋文帝时，一品以下皆为诸王所颠踬，⑦彼岂非天子儿邪！朕但不听诸子纵横耳，闻三品以上皆轻之，我若纵之，岂不能折辱公辈乎！』房玄龄等皆惶惧流汗拜谢。魏征独正色曰：『臣窃计当今群臣，心无敢轻魏王者。在礼，臣、子一也。《春秋》：王人虽微，序于诸侯之上。三品以上皆公卿，陛下所尊礼，若纪纲大坏，固所不论；圣明在上，魏王必无顿辱群臣之理。隋文帝骄其诸子，使多行无礼，卒皆夷灭，又足法乎？』上悦，曰：『理到之语，不得不服。朕以私爱忘公义，向者之忿，自谓不疑，及闻征言，方知理屈。人主发言何得容易乎！』

上曰：『法令不可数变，数变则烦，官长不能尽记；又前后差违，吏得以为奸。自今变法，皆宜详慎而行之。』治书侍御史权万纪上言：『宣、饶二州银大发采之，⑧岁可得数百万缗。』上曰：『朕贵为天子，所乏者非财也，但恨无嘉言可以利民耳。与其多得数百万缗，何如得一贤才！卿未尝进一贤，退一不肖，而专言税银之利。昔尧、舜抵璧于山，投珠于谷，⑨汉之桓、灵乃聚钱为私藏，卿欲以桓、灵俟我邪！』是日，黜万纪，使还家。

是岁，更命统军为折冲都尉，⑩别将为果毅都尉。⑪凡十道，置府六百三十四，而关内二百六十一，皆隶诸卫及东宫六率。⑫凡上府兵千二百人，中府千人，下府八百人。三百人为团，团有校尉；五十人为队，队有正；十人为火，火有长。每人兵甲粮装各有数，皆自备，输之库，有征行则给之。年二十为兵，六十而免。其能骑射者为越骑，其余为步兵。每岁季冬，折冲都尉帅其属教战，当给马者官予其直市之。凡当宿卫者番上，⑬兵部以远近给番，远疏、近数，皆一月而更。

【注释】

①文德皇后：即长孙皇后，逝世后追谥『文德』。昭陵：长孙皇后墓，后唐太宗李世民与之合墓。今陕西礼泉县东北九嵕山。②肃章门：为西入宫内的门。③层观：层层叠叠的高观。观，也称阙，宫门前两边的望楼。④昏眊：老眼昏花。⑤献陵：唐高祖李渊的陵墓。⑥朱俱波：又写作朱驹槃、朱驹波，又称悉没半，古国名，都于呼鞬，今新疆叶城西南，后迁今叶城。甘棠：古国名。今越南安沛省境。⑦颠踬：颠覆摧折。⑧宣、饶二州：今安徽宣城、江西波阳县。⑨『昔尧』句：抵璧投珠，事见陆贾《新语》：『圣人不用珠玉而宝其身，故舜弃黄金于嶃岩之山，捐珠玉于五湖之川，以杜淫邪之欲也。』⑩折冲都尉：官名。全国各州府设置，仅次于大将军。⑪果毅都尉：唐统

府兵的官。⑫东宫六率：即东宫六率府。左、右卫率，拟上台左、右卫将军；左、右宗卫率，拟左、右领军将军；左、右监门率，拟左、右监门将军。⑬番上：轮番上班。

十一年 春，正月，徙郐王元裕为邓王，[1]谯王元名为舒王。

辛卯，以吴王恪为安州都督，晋王治为并州都督，纪王慎为秦州都督。将之官，上赐书戒敕曰：『吾欲遗汝珍玩，恐益骄奢，不如得此一言耳。』

上作飞山宫。庚子，特进魏征上疏，以为：『炀帝恃其富强，不虞后患，穷奢极欲，使百姓困穷，以至身死人手，社稷为墟。陛下拨乱返正，[2]宜思隋之所以失，我之所以得，撤其峻宇，安于卑宫；若因基而增广，袭旧而加饰，此则以乱易乱，殃咎必至，难得易失，可不念哉！』

房玄龄等先受诏定律令，以为：『旧法，兄弟异居，荫不相及，而谋反连坐皆死；祖孙有荫，而止应配流。据礼论情，深为未惬。今定律，祖孙与兄弟缘坐者俱配役。』从之。自是比古死刑，除其太半，天下称赖焉。玄龄等定律五百条，立刑名二十等，[3]比隋律减大辟九十二条，减流入徒者七十一条，凡削烦去蠹，变重为轻者，不可胜纪。又定令一千五百九十余条。武德旧制，释奠于太学，以周公为先圣，孔子配飨；玄龄等建议停祭周公，以孔子为先圣，颜回配飨。又删武德以来敕格，定留七百条，至是颁行之。又定枷、杻、钳、锁、杖、笞，[4]皆有长短广狭之制。

自张蕴古之死，法官以出罪为戒；时有失入者，[5]又不加罪。上尝问大理卿刘德威曰：『近日刑网稍密，何也？』对曰：『此在主上，不在群臣，人主好宽则宽，好急则急。律文：失入减三等，失出减五等。今失入无辜，失出更获大罪，是以吏各自免，竞就深文，非有教使之然，畏罪故耳。陛下倘一断以律，则此风立变矣。』上悦，从之。由是断狱平允。

上以汉世豫作山陵，免子孙苍猝劳费，又志在俭葬，恐子孙从欲奢靡；二月，丁巳，自为终制，因山为陵，容棺而已。

甲子，上行幸洛阳宫。

上至显仁宫，[6]官吏以缺储偫，[7]有被谴者。魏征谏曰：『陛下以储偫谴官吏，臣恐承风相扇，异日民不聊生，殆非行幸之本意也。昔炀帝讽郡县献食，视其丰俭以为赏罚，故海内叛之。此陛下所亲见，奈何欲效之乎！』上惊曰：『非公不闻此言。』因谓长孙无忌等曰：『朕昔过此，买饭而食，僦舍而宿；今供顿如此，岂得犹嫌不足乎！』

三月，丙戌朔，日有食之。

庚子，上宴洛阳宫西苑，泛积翠池，⑧顾谓侍臣曰：『炀帝作此宫苑，结怨于民，今悉为我有，正由宇文述、虞世基、裴蕴之徒内为谄谀，外蔽聪明故也，可不戒哉！』

房玄龄、魏征上所定《新礼》一百三十八篇；丙午，诏行之。

以礼部尚书王珪为魏王泰师，上谓泰曰：『汝事珪当如事我。』泰见珪，辄先拜，珪亦以师道自居。子敬直尚南平公主。先是，公主下嫁，皆不以妇礼事舅姑，珪曰：『今主上钦明，动循礼法，吾受公主谒见，岂为身荣，所以成国家之美耳。』乃与其妻就席坐，令公主执笄行盥馈之礼。⑨是后公主始行妇礼，自珪始。

群臣复请封禅，⑩上使秘书监颜师古等议其礼，房玄龄裁定之。

夏，四月，己卯，魏征上疏，以为：『人主善始者多，克终者寡，岂取之易而守之难乎？盖以殷忧则竭诚以尽下，安逸则骄恣而轻物；尽下则胡、越同心，轻物则六亲离德，虽震之以威怒，亦皆貌从而心不服故也。人主诚能见可欲则思知足，将兴缮则思知止，处高危则思谦降，临满盈则思挹损，⑪遇逸乐则思撙节，⑫在宴安则思后患，防壅蔽则思延纳，疾谗邪则思正己，行爵赏则思因喜而僭，⑬施刑罚则思因怒而滥，兼是十思，而选贤任能，固可以无为而治，又何必劳神苦体以代百司之任哉！』

【注释】

①郐王：郐，周朝国名，在今河南密县东北。②拨乱返正：也作拨乱反正。谓治理乱世，使其恢复正常安定。③刑名二十等：笞刑五，自十至五，杖刑五，自六十至于百；徒刑五，自一年至于三年；流刑三，自千里至于三千里；死刑二，绞、斩。④枷、杻、钳、锁、杖、笞：皆刑具名。械其颈曰枷；械其手曰杻；钳，以铁束颈；锁，以铁环相钩连的锁链锁其颈，即称琅当其颈；杖，即棍棒，长三尺五寸，削去节目，讯杖大头颈三分二厘，小头二分二厘，常行杖大头二分七厘，小头一分七厘；笞杖，大头二分，小头一分有半。⑤出罪：与入罪相对，出离罪行轻判；反之加入罪行重判。⑥显仁宫：今河南宜阳县。⑦储偫：储备。⑧西苑：隋大业元年筑，北距邙山，

西至孝水，南带洛水支渠，谷、洛二水会于其间，虑其泛溢，为三陂以御之：一曰积翠，二曰月陂，三曰上阳。苑墙周回一百二十六里。积翠即积翠池。⑨『令公主』句：笄，竹器，以盛枣栗暇修；盥，洗手脸。馈，妇以特豚馈。言行妇之礼。⑩群臣复请封禅：指五年诸州朝集使请封禅，六年文武官请，今众臣请。⑪挹损：减少。⑫撙节：克制。⑬僭：过分。